Heyne · Campus

Uwe Lang, geb. 1943 in Augsburg, studierte Theologie und Pädagogik und widmet sich seit 1970 auch dem Börsengeschehen. Er ist seit 1988 Herausgeber der »Börsensignale«, einem der erfolgreichsten Börsenbriefe, und gibt Seminare für Privatanleger und Aktieninteressierte.

Uwe Lang

Der Aktien-Berater

Kritische Einführung
für den Anfänger
und ein Rezeptbuch
für den Erfahrenen

Wilhelm Heyne Verlag
München

HEYNE BUSINESS
22/2060

Taschenbucherstausgabe der aktualisierten Ausgabe 11/99
Copyright © 1994, 1997, 1999 by Campus Verlag, Frankfurt/Main
Wilhelm Heyne Verlag GmbH & Co. KG, München
http://www.heyne.de
Printed in Germany 1999
Umschlaggestaltung: Atelier Bachmann & Seidel, Reischach
Technische Betreuung: M. Spinola
Satz: Schaber Satz- und Datentechnik, Wels
Druck- und Verarbeitung: Presse-Druck, Augsburg

ISBN 3-453-16467-9

INHALT

7. Kapitel
Die Quartalregel 125

8. Kapitel
Die Auswahl von Aktien und Branchen zu Beginn einer Hausse 137

9. Kapitel
Der erfolgreiche Börsianer – ein geduldiger Stratege 152

Anhang

VORWORT

Es ist unverständlich, daß trotz des Erfolgs der Telekom-Aktie noch immer erst zehn Prozent aller Bundesbürger ihre Ersparnisse in Aktien anlegen und die große Mehrheit ihr Geld statt dessen lieber nach Luxemburg oder in die Schweiz bringt, um es unter großem Aufwand »steuersparend« anzulegen.

Es scheint sich immer noch nicht herumgesprochen zu haben, daß Kursgewinne bei Aktien steuerfrei sind – und dies auch noch völlig legal, wenn sie zwölf Monate gehalten werden!

»Ja, aber das Risiko ist doch so groß – ich will doch ruhig schlafen können. Und man muß sich doch da auskennen und sich ständig damit befassen. Dazu habe ich doch gar keine Zeit!« So lauten die meistgenannten Einwände von Kleinsparern gegen den Handel mit Aktien.

Ich möchte Ihnen mit diesem Buch Mut machen. Das Risiko ist nicht sehr groß, wenn man die »Regeln« kennt. Und der Zeitaufwand hält sich in Grenzen – Sie werden sehen, daß die Sache sogar Spaß macht und ein schönes Hobby sein kann.

Seit nunmehr fünfunddreißig Jahren habe ich mich intensiv in das Börsengeschehen in aller Welt eingearbeitet. Alle mir zugänglichen Theorien über Aktien habe ich selbst überprüft, auch zahlreiche eigene Analysen erstellt. Mitte der achtziger Jahre kam mir dann der Gedanke, alle Erkenntnisse, übersichtlich und systematisch geordnet, einem breiten Publikum zugänglich zu machen. So entstand die erste Auflage dieses »Aktien-Beraters«.

Dem damaligen Konzept, eine fundierte Hilfe für Börsenneulinge anzubieten und gleichzeitig systematische Konzepte für Börsenerfahrene zu liefern, möchte ich auch weiterhin treu bleiben. Es soll ein anregendes und möglichst an der Praxis orientiertes Buch sein.

Börsenneulinge haben oft völlig unrealistische Vorstellungen über die Gewinne, die mit Aktien zu erzielen sind. Mancher von ihnen glaubt, daß mit einigem Fachwissen Jahr für Jahr 50 Prozent und mehr zu holen seien.

Die Wirklichkeit sieht so aus: Bei einem normalen Aktienaufschwung bewegen sich die Kurse im Durchschnitt um 25 Prozent nach oben – im Lauf von etwa zwei Jahren. Aber dieser Trend setzt sich nicht ewig fort. Beim Abschwung muß mit Korrekturen in ähnlicher Höhe gerechnet werden. Solange es Börsen gibt (seit rund 300 Jahren), folgt auf jedes Hoch ein Tief und umgekehrt. Jeder Auf- und Abschwung kündigt sich rechtzeitig an, sofern man auf die wesentlichen Zeichen achtet.

Somit wendet sich dieses Buch an den privaten Anleger, vor allem an den, dem die Börse noch ein Rätsel ist und der einen Leitfaden sucht, der ein wenig Licht in das Gewirr der Ratschläge und Empfehlungen bringt. Vorausgesetzt wird nur, daß der Leser weiß, was eine Aktie ist, wie sich ein Kurs bildet und was an der Börse geschieht. Mit solchen Grundfragen möchte sich dieses Buch nicht aufhalten. Damit sich der Börsenneuling schnell in der Börsensprache zu Hause fühlt, sind wichtige Begriffe am Schluß dieses Buches zusammengefaßt.

Im übrigen war es meine Absicht, ein Buch zu schreiben, das den Leser zum Mitdenken anregt und das durchstudiert sein will. Bekannte und weniger bekannte Methoden der Aktienkursprognose werden vorgestellt und Brauchbares von Unbrauchbarem getrennt, wobei der Leser immer selbst überprüfen kann, was sich bewährt hat und worauf man verzichten kann. Alle Methoden werden an den Ergebnissen der letzten dreißig Jahre gemessen.

Auch die Börsenberatungsdienste müssen sich dabei kritische Worte gefallen lassen; mein Ärger über viele ihrer Kursprognosen, vor allem der permanente Optimismus der meisten Berater, war ein wesentlicher Anlaß, dieses Buch zu schreiben.

Auch der fortgeschrittene Börsianer soll mit diesem Buch erreicht werden. Vieles wird ihm bekannt vorkommen. Er mag verzeihen, wenn ihm selbstverständliche Begriffe wie »Optionsschein«, »Kurs-Gewinn-Verhältnis« oder »Kopf-Schulter-Formation« erklärt werden. Dafür wird dieses Buch an anderen Stellen, vor allem im sechsten und siebten Kapitel, auch für ihn eine Fundgrube sein.

Ich verkaufe Ihnen mit diesem Buch keine »unfehlbaren Systeme«, sondern versuche möglichst anschaulich darzustellen, warum Kurse steigen und fallen und wie man das rechtzeitig erkennen kann.

Seit der ersten Auflage dieses Buches 1986 sind nun mehr als zehn Jahre vergangen. Damals wurde mir manchmal entgegengehalten: »Wissen Sie, Ihre Beispiele sind so gewählt und konstruiert, daß sie zwar auf die Bewegungen der letzten Jahre passen. Aber was gibt uns die Gewähr, daß die Börse in Zukunft nach denselben Regeln läuft?«

Was jahrhundertelang galt, gilt weiter. Wer 1986/87 dieses Buch gelesen hatte, war ausreichend gewarnt und hat den Crash im Oktober 1987 nicht mitgemacht. Dasselbe gilt entsprechend für die Baisse im zweiten Halbjahr 1990. Bei den kräftigen Kursgewinnen in den Jahren 1993 sowie 1995/97 war man voll dabei.

Dem Wunsch zahlreicher Leser entsprechend wurden in dieser neuen Auflage die angeführten Beispiele weitgehend aktualisiert.

Herzlicher Dank sei allen gesagt, die durch zahlreiche Anregungen, Kritik und Verbesserungsvorschläge am Zustandekommen dieses Buchs beteiligt waren, insbesondere Frank Schwoerer vom Campus Verlag.

Augsburg, im Januar 1999   Uwe Lang

1. KAPITEL

DIE AKTIENBÖRSE –
POLITISCHES SIGNAL UND INTERESSANTE
ANLAGEFORM

1. Politik ist Wirtschaftspolitik

Der Handel mit Aktien oder überhaupt die Beschäftigung mit diesem Thema ist in Deutschland, im Gegensatz zu den USA oder zur Schweiz, noch in weiten Kreisen der Bevölkerung verpönt. Die Gründe für diese Abstinenz sind jedoch ganz unterschiedlich. Die Kritiker von links lehnen alles ab, was an Profitgier erinnert. Sie sind dem Wirtschaftssystem der westlichen Industrieländer ohnehin nicht sehr freundlich gesonnen, sei es wegen der nun schon über einhundert Jahre andauernden Mißachtung des ökologischen Gleichgewichts, sei es wegen des Prinzips der Gewinnmaximierung, bei dem die sozial Schwachen (und das sind heute die Dritte-Welt-Länder) und ihre Bedürfnisse nur insoweit berücksichtigt werden, als dies zur Stabilisierung des Systems beiträgt.

Ist es zu verantworten, dabei als Aktionär mitzumischen? Sind die Aktionäre nicht die Besitzer der auf Profit gerichteten Unternehmen? Segnen die Aktionäre nicht in den Hauptversammlungen die Unternehmenspolitik ab? Profitieren die Aktionäre nicht von allen Entwicklungen, die den Gewinn der betreffenden Gesellschaft steigern – seien es nun Rüstungsprogramme oder schlechte Bezahlung für Menschen, die nur ihre Arbeitskraft anzubieten haben?

Ich akzeptiere diese Kritik an unserem Wirtschaftssystem, bin aber der Überzeugung, daß es die politische Aufgabe von uns allen ist, entsprechende Mechanismen ins System einzubauen, die gewährleisten, daß sowohl das ökologische Gleichgewicht als auch soziale Gerechtigkeit angestrebt werden. Den Unternehmen kann man es nicht anlasten, daß sie einen Gewinn erzielen wollen. Das sollen sie ja auch, und wir leben davon. Wer für mehr Gerechtigkeit sorgen will in der Weise, daß alle von dieser Erde leben können, sollte nicht meinen, daß er dies erreicht, wenn er die Marktwirtschaft abschafft. Selbst in sozialistischen Staaten gibt es einen Markt, der auf Angebot und Nachfrage reagiert. Jeder Markt ist dabei von den Eigeninteressen der Marktteilnehmer bestimmt. Wer ein idealistisches Menschenbild vertritt, mag dies bedauern. Aber Wunsch und Wirklichkeit sind zwei verschiedene Dinge. Das christliche Menschenbild etwa ist übrigens keineswegs idealistisch, sondern beschreibt sehr realistisch den menschlichen Egoismus; das Eigeninteresse wird auch in der christlichen Ethik nicht unterdrückt oder verleugnet, sondern vielmehr vorausgesetzt.

Jeder ist davon überzeugt, politisch »objektiv« zu argumentieren. Auffällig ist nur, daß beispielsweise die Sympathien für bestimmte Parteien immer sehr eng mit dem gesellschaftlichen Stand (Arbeiter, Bauer, Selbständiger, Freiberufler) des Betreffenden zusammenhängen. Die überwiegende Mehrheit der Bevölkerung wählt die Partei, die ihre wirtschaftlichen Interessen vertritt bzw. der sie es zutraut, die allgemeine Wirtschaftslage zu verbessern.

Die SPD hätte in Deutschland 1969 ohne die Popularität des damaligen Wirtschaftsministers Schiller niemals genügend Stimmen bekommen, um mit der FDP zusammen regieren zu können. Bundeskanzler Erhard wäre 1966 ohne die Wirtschaftskrise, die übrigens durch ein schweres Aktientief angekündigt worden war, nicht gestürzt worden. George Bush wäre sicher 1993 Präsident der Vereinigten Staaten geblieben, wenn nicht die Wahl ausgerechnet in die Zeit einer schweren Wirtschaftskrise und hoher Arbeitslosigkeit gefallen wäre. Dies, und nicht etwa ein vermuteter Überdruß am Konservativismus, hat ihn entscheidende Stimmen gekostet. Der Staat Südafrika behauptete sich trotz Ächtung in aller Welt und trotz immer neuer Unruhen kraft seiner Wirtschaftsmacht. Selbst die unmittelbaren Nachbarstaaten konnten auf eine gewisse wirtschaftliche Zusammenarbeit mit Südafrika nie verzichten; nur geschah das bis vor wenigen Jahren ausschließlich inoffiziell. PLO-Chef Jassir Arafat hätte niemals die Verständigung mit Israel gesucht, wenn das nicht schon aus wirtschaftlichen Gründen sehr »vernünftig« gewesen wäre. Politik ist Wirtschaftspolitik!

2. Die Aktienbörse als politisches Geheimbarometer

Auch für denjenigen, der grundsätzlich keine Aktien kauft, aus welchen Gründen auch immer, lohnt sich ab und zu ein Blick auf das Börsengeschehen. Entgegen einer weitverbreiteten Meinung spiegelt die Börse nämlich nicht nur die Erwartungen und Befürchtungen der Kapitalseigner wider. Vielmehr nimmt sie mit einem Vorlauf von einigen Monaten die wirtschaftliche Stimmung der Gesamtbevölkerung vorweg, einfach deshalb, weil die Gewinne der Unternehmen auch sehr stark vom Konsumverhalten und dieses wiederum von der Einschätzung der wirtschaftlichen Lage durch den durchschnittlichen Bürger abhängen. Diese »feine Nase« der Börse für die Zukunft haben auch viele Politiker noch nicht genügend erkannt, obwohl durch zahlreiche Beispiele belegt ist, daß die Börse ein politisches Geheimbarometer ist.

1967/68 erschien zum Beispiel eine vielbeachtete Analyse des französischen Journalisten J. Servan-Schreiber mit dem Titel »Die amerikanische Herausforderung«. Der Verfasser legte dar, daß Europa auf dem Weg sei, gegenüber den USA technologisch endgültig ins Hintertreffen zu geraten (so wie das interessanterweise auch in den achtziger und neunziger Jahren immer wieder behauptet wurde). Die Weltraumerfolge der USA (Mondlandungen 1969/70) schienen dies zu bestätigen. Der aufmerksame Börsenbeobachter konnte hingegen 1969 bereits einen anderen

Trend feststellen. Die US-Aktien begannen schon wieder zu fallen, während die deutschen Aktien einem neuen Nachkriegshoch zustrebten. Auch die US-Währung fiel gegenüber den mitteleuropäischen Währungen (ausgenommen Frankreich, England und Italien) immer weiter ab; Zeichen einer kommenden Neueinschätzung. In der Tat gehörten die siebziger Jahre nicht den Amerikanern, sondern der europäischen und der japanischen Wirtschaft.

1979 war ein Jahr glänzender wirtschaftlicher Daten in allen Industrieländern. Dennoch herrschte überall Baisse, also ein Tiefstand der Aktien (ausgenommen Rohstoffaktien). Der Grund war erst Jahre später erkennbar: Die Aktienbörsen hatten die schwere Weltwirtschaftskrise von 1980–1982 »gerochen«.

Überhaupt hat der politisch interessierte Bürger in der Börse eine Informationsquelle zur Verfügung, die eine objektivere Sprache spricht als viele Parolen, Sprüche und Wahlreden der Politiker (und auch als mancher einseitige Kommentar eines Journalisten). Nehmen wir ein Beispiel aus dem Deutschland der achtziger Jahre: Bundeskanzler Helmut Kohl und seine Regierung wurden nicht müde, immer wieder darauf hinzuweisen, welch schwere »Erblast« sie übernommen hatten, als durch den Koalitionswechsel der FDP im September 1982 die »Wende« kam. Gemeint mit der Erblast war die hohe Staatsverschuldung, die zu reduzieren die Schmidt-Regierung in wirtschaftlich besseren Zeiten (1978–1980) versäumt hatte. Der Zeitpunkt des »Machtwechsels« war für die Kohl-Regierung ein seltener Glücksfall. Er fiel nämlich gerade in die Zeit des Stimmungsumschwungs in den USA, der auf alle Industrieländer der westlichen Welt ausstrahlte.

Im August 1982 begann die Aktienhausse in den USA; schon 1983 meldeten die USA und Japan prächtige Wirtschaftszahlen (sechs Prozent Wachstum und mehr). Dollar und Yen stiegen gegenüber den europäischen Währungen kräftig an. Die deutsche Exportwirtschaft konnte sich daraufhin ohne jede staatliche Hilfe erholen, während Finanzminister Stoltenberg in aller Ruhe seinen Haushalt sanieren konnte. Eine bessere Ausgangsbasis kann sich eigentlich keine Regierung wünschen. Aber ihr Verdienst war es nicht. In einem freien Markt entscheidet nicht in erster Linie die Regierung über Konjunktur und Arbeitsmarkt. Für die Rezession 1992/93 war die damalige Bundesregierung ebensowenig verantwortlich. Die hohe Arbeitslosigkeit der neunziger Jahre geht eindeutig auf das Konto der wenig innovativen Ideen der deutschen Manager vor allem in den achtziger Jahren.

Ein guter Schiedsrichter könnte die Börse auch bei Tarifverhandlungen sein. Auch hierzu ein Beispiel: 1984 gab es im deutschen Metall- und Druckgewerbe eine harte Auseinandersetzung um die 35-Stunden-Woche. Bundeskanzler Kohl mischte sich in die Diskussion mit der Bemerkung ein, die Forderung nach der 35-Stunden-Woche sei »töricht und dumm«. In einer Wirtschaftskrise müsse man nicht weniger, sondern mehr arbeiten. Das hörte sich plausibel an; die Gewerkschaften hatten große Mühe, ihre eigenen Mitglieder von den Vorteilen einer Arbeitszeitverkürzung zu überzeugen.

Der »börseninformierte« Bürger wußte hingegen längst, daß 1984 von einer Wirtschaftskrise keine Rede mehr sein konnte; der Rekordstand der Börse im Februar 1984 hatte eine andere Sprache gesprochen, desgleichen die auf einen neuen Nachkriegsrekord geschätzten Gewinne für 1984 in der Auto-, Elektro- und Chemieindustrie. Daß trotz des Wirtschaftsaufschwungs die Arbeitslosigkeit nicht abgebaut werden konnte, lag daran, daß trotz jährlichen Produktivitätszuwachses (= mehr wirtschaftliche Leistung bei gleichem oder geringerem menschlichen Arbeitseinsatz) seit über zehn Jahren die 40-Stunden-Woche festgeschrieben war. Wenn dann nicht neue Bedürfnisse mit neuen Märkten entstehen, sinkt zwangsläufig der Bedarf an Arbeitskräften. Die Gewerkschaften hatten dies richtig erkannt. Ihre Formel »35-Stunden-Woche mit vollem Lohnausgleich« klang jedoch für eine Bevölkerung, die sich immer noch in einer Wirtschaftskrise wähnte, frech und unbescheiden. Und genau diesen Bewußtseinsstand machten sich die Arbeitgeberverbände zunutze, wenn sie argumentierten, mit solchen Forderungen

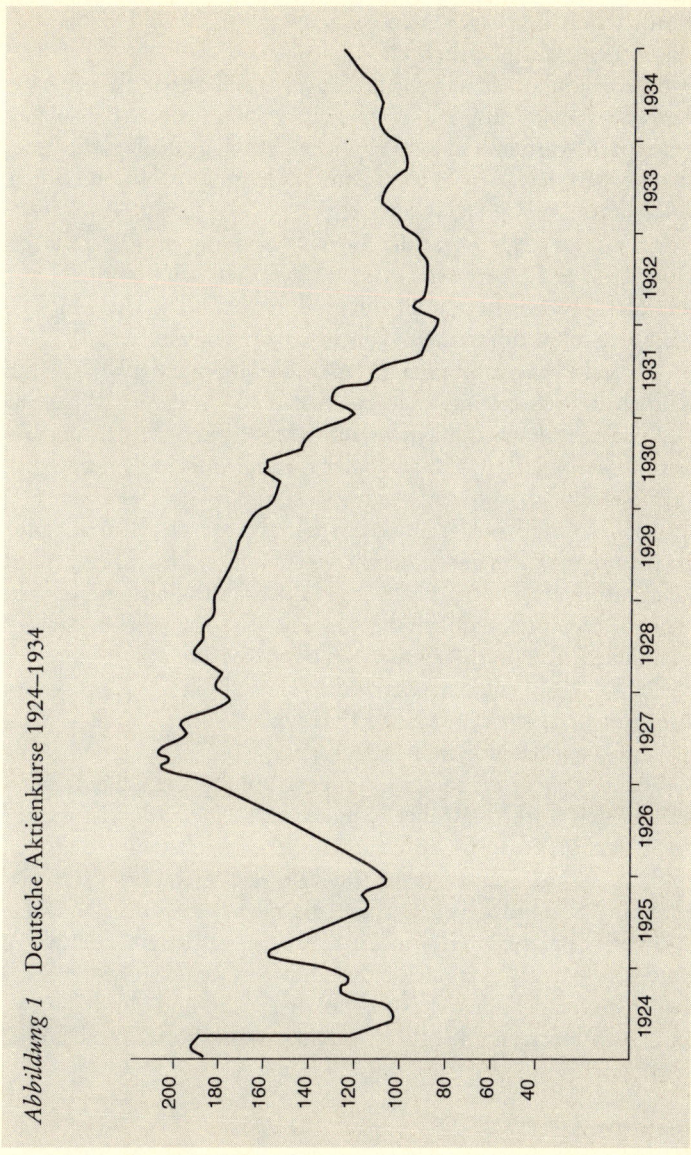

Abbildung 1 Deutsche Aktienkurse 1924–1934

würden viele Betriebe in den Konkurs getrieben und damit weitere Arbeitsplätze vernichtet.

Bereits ein Jahr später wurde deutlich, daß durch die zunächst vereinbarte 38,5-Stunden-Woche tatsächlich neue Arbeitsplätze geschaffen wurden und kein einziger Betrieb deshalb pleite ging. Inzwischen hat sich wohl deutlich herausgestellt, wer hier »töricht und dumm« geredet hat.

Ein Gegenbeispiel war die Tarifverhandlung im Öffentlichen Dienst 1974. Es herrschte eine schwere Wirtschaftskrise – nur war dies noch nicht ins allgemeine Bewußtsein gedrungen. Die Baisse an allen Börsen der Welt hatte zur Jahreswende 1973/74 dramatische Ausmaße angenommen. Da drückte der ÖTV-Chef Kluncker noch einmal Lohnzuwächse von über zehn Prozent durch. Die Folge waren ein weiteres Ansteigen der Inflationsrate und der Arbeitslosigkeit sowie der Anfang vom Ende der Regierung Brandt.

Auch Ereignisse der jüngsten Geschichte erscheinen unter Beachtung der Börsen in einem neuen Licht. Noch heute wird gelegentlich behauptet, Hitler habe doch wirtschaftlich Hervorragendes geleistet, nämlich die schwere Wirtschaftskrise beseitigt und die Arbeitslosen von der Straße geholt.

Die Börsenkurse jener Zeit (Abb. 1) belehren uns eines Besseren. Sie waren schon seit Ende 1931 wieder gestiegen, als Vorboten eines wirtschaftlichen Aufschwungs. Hitler hatte das große Glück, ausgerechnet in der Zeit der Erholung, die auf jeden Fall gekommen wäre, deutscher Reichskanzler zu werden. So konnte er den Massen, die von wirtschaftlichen Zusammenhängen nichts verstanden, einreden, er sei es gewesen, der den Aufschwung zustandegebracht habe. Tragisch, wenn man bedenkt, daß der Stimmenanteil von Hitlers NSDAP bereits rückläufig gewesen war, als er zum Reichskanzler gewählt wurde. Hätten diejenigen, die ihn in den Sattel hoben (Papen und Hindenburg), nur noch ein wenig Geduld gehabt – und auf die Börsenkurse geachtet.

3. Sind Aktienkäufe unmoralisch?

Noch bin ich die Antwort schuldig auf die Frage, ob es richtig ist, sich als Aktionär an einem Markt zu beteiligen und von der Unternehmenspolitik zu profitieren, wenn man vieles ablehnt, was in dem Unternehmen hergestellt und produziert wird. Unterstützt man nicht Rüstungsbetriebe, wenn man Boeing- oder Daimler-Aktien kauft? Fördert man nicht Tierversuche, wenn man Ciba-Geigy-Aktien kauft? War man nicht auf der Seite der Apartheitspolitiker Südafrikas, wenn man früher Gold-, Platin- oder Diamantenaktien kaufte?

Meine Antwort muß zwangsläufig sehr persönlich ausfallen, denn ich kann hier nur von meiner eigenen moralischen Einstellung ausgehen. Ich habe mich nie gescheut, auch Aktien eines Unternehmens zu kaufen, mit dessen Produkten und Methoden ich nicht immer einverstanden bin. Aber das Unternehmen selbst profitiert ja auch nicht unmittelbar von meinen Käufen und Verkäufen an der Börse – wenn ich nicht gerade Bezieher von »jungen Aktien« bin. Diese Tatsache wird von den sogenannten »Ethik-Fonds« übersehen.

Die Forderung, man solle sich nur an »ethisch sauberen« Unternehmen beteiligen, halte ich für eine Illusion. Jedes Unternehmen wird sich an die Schranken halten müssen, die ihm der Gesetzgeber auferlegt. Und dafür, was Gesetz wird, sind wir schließlich alle verantwortlich. Die Wirtschaft braucht durch gesellschaftlichen Konsens bestimmte klare Vorgaben, was sie darf.

Wer die Mühe nicht scheut, kann auch »seinem« Unternehmen schreiben. Man sollte nicht meinen, eine sachlich begründete Kritik oder ein Vorschlag eines Aktionärs würde nicht aufmerksam gelesen – zumal das Unternehmen davon ausgehen muß, daß sicher noch mehr Aktionäre so denken. Erreichen wird man als einzelner natürlich nichts. Aber man sollte sich in seinem moralischen Handeln ja nicht nur davon bestimmen lassen, wieviel man damit erreicht. Nochmals: Ich betrachte Aktien nicht als Mittel zur Identifizierung mit einem Unternehmen, sondern als vorübergehende Geldanlage. Auch mit einem Sparbuch oder dem

Kauf von Bundesanleihen finanzieren Sie durch Ihr verliehenes Geld manches mit, mit dem Sie möglicherweise nicht einverstanden sind. Wenn Sie Ihre Aktien verkauft haben, haben Sie hingegen gar nichts finanziert, sondern nur (hoffentlich) selbst Gewinn gemacht.

4. Aktienkäufe – ein Abenteuer für Spekulanten?

Ich erwähnte, daß die Beschäftigung mit Aktien von vielen abgelehnt wird. Bisher ging ich auf die Gruppe ein, die hinter dem Aktienhandel kapitalistische Profitgier wittert. Diese macht aber nicht die Mehrheit der Ablehner aus. Die andere, größere Gruppe kauft keine Aktien, weil man da »zu viel riskiert«, weil das »eine Art Lotteriespiel ist«, weil man da »über Nacht arm werden kann«, weil das doch »alles üble Spekulation« sei.

Wenn Sie dieses Buch zu Ende gelesen haben, wissen Sie, daß bei Käufen und Verkäufen von Aktien natürlich auch das Glück eine gewisse Rolle spielt, nämlich im Hinblick auf den optimalen Kauf- und Verkaufszeitpunkt. Den kann man auch durch die präziseste Strategie nicht genau ermitteln, wie wir noch sehen werden. Dennoch hat der Aktienhandel nichts mit einer Lotterie zu tun. Wenn schon ein Vergleich, dann eher mit einem spannenden Brettspiel wie zum Beispiel Schach. Jeder Kauf, jeder Verkauf von Aktien ist dann ein Zug, auf den der Partner (die Börse) entsprechend reagiert und einen wieder vor neue strategische Probleme stellt.

Was das Risiko betrifft, so ist es nicht allzu hoch – es sei denn, Sie investieren Ihr Geld in unbekannte oder am Rande der Pleite stehende Unternehmen oder steigen mit hohen Geldbeträgen in »Optionsgeschäfte« ein. Da können Sie sicher viel gewinnen, aber noch häufiger auch alles verlieren.

Das größte Hindernis, an der Aktienbörse zu gewinnen, ist die eigene Ungeduld, die einen dazu verleitet, dauernd etwas zu unternehmen. Der erfolgreiche Aktionär muß oft lange warten, ehe er einsteigt, und er muß sich allen gefühlsbestimmten Vermutungen über künftige wirtschaftliche Entwicklungen enthalten und sich vielmehr ausschließlich an Tatsachen orientieren. Wann es Zeit ist zu kaufen und welche Aktien in welchem Land Sie dann kaufen können, werden Sie nach der Lektüre dieses Buchs wissen. Ebenso wichtig ist jedoch auch der richtige Verkaufszeitpunkt, über den Sie ebenfalls nicht im Unklaren gelassen werden (im Gegensatz zu vielen Börsenberatungsdiensten).

Im Laufe der Jahre ist mein Zorn auf manchen »Börsenbrief« und manche in bestimmten Zeitschriften betriebene »Anlageberatung« gewachsen. Hier gibt es anscheinend Berufs-Daueroptimisten, nach deren Vorhersagen die Kurse eigentlich nie fallen können. Die Opposition gegen sie und der Wunsch, Kleinanleger vor unsachgemäßer Beratung zu schützen, war für mich ein wesentliches Motiv, dieses Buch zu schreiben. Ich habe 1978 gegen die überwiegende Expertenmeinung gewarnt, daß die vierjährige Hausse bei deutschen Aktien nun zu Ende gehe. 1979 schrieb ich einer Börsenzeitschrift, sie solle nicht schon jetzt, nach erst wenigen Monaten der Baisse, wieder zum Einstieg raten. In den großen Haussen 1983 und 1988/89 war ich voll dabei, die Zwischenbaisse 1984 habe ich richtig vorhergesagt, im Herbst 1984 bin ich wieder eingestiegen und habe seit Anfang 1987 vor einer drohenden Baisse gewarnt (der Crash kam im Oktober 1987). Der »Spiegel« berichtete seinerzeit darüber. Schließlich entschloß ich mich zur Herausgabe eines eigenen Börsenbriefs.

Natürlich habe ich auch Fehler gemacht. Die Kursentwicklungen in den von politischen Sonderfaktoren bestimmten neunziger Jahren (deutsche Wiedervereinigung, Auflösung des Ostblocks, Etablierung der Euro-Währung, das Ende der Inflation und historische Zinstiefs) waren oft äußerst schwierig einzuschätzen. Die Aufwärtsbewegungen hielten stets länger an und verliefen steiler, als ich jeweils vermutete. Abrupte Kursstürze wie im Herbst 1997 und im August und September 1998 hätte ich ebenfalls in diesem Ausmaß nicht für möglich gehalten, auch wenn ich mich angesichts der jeweils vorher rasant gestiegenen Kurse zunehmend skeptisch geäußert hatte.

Börsenanfänger glauben, der erfolgreiche Aktionär brauche einen Instinkt, einen »Riecher«, ein Gefühl für das richtige Handeln an der Börse. Das Gegenteil ist richtig. Gefühle führen an der Börse meist in die Irre, denn sie sind geprägt von Wirtschaftsdaten der Gegenwart, von dem, »was alle glauben«. Da die Börse aber immer ein Stück Zukunft vorwegnimmt, sollte man niemals nach dem Gefühl handeln, sondern nur nach bewährten Börsenstrategien.

Diese Strategien sind kein Geheimnis, sondern den meisten Anlegern bekannt. Aber im entscheidenden Augenblick benötigt man große Überwindungskraft, um sich wirklich daran zu halten, weil man im Grunde gegen die Gefühls- und Stimmungslage der Gegenwart, gegen zahlreiche Wirtschaftsinformationen handeln muß. Dazu kommt noch, daß man dann gern Aktien kauft, wenn man gerade Geld auf der hohen Kante hat, obwohl einem schon logisches Nachdenken sagen müßte, daß sich der richtige Kaufzeitpunkt sicher nicht daraus errechnet, wie »flüssig« man gerade ist.

2. KAPITEL

GRUNDREGELN UND GRUNDIRRTÜMER

1. Konjunkturhoch = Aktienhoch?

Der Börsenneuling stellt es sich zunächst sehr leicht vor, zu Erfolgen zu kommen. Man soll in der Baisse kaufen, wenn die Aktien billig sind, und in der Hausse, wenn sie teuer sind, verkaufen. Das ist völlig richtig. In Abbildung 2 finden Sie zum Beispiel den Kurs der VW-Aktie von 1969 bis 1977. Ich erinnere mich noch, daß mir ein Freund im Juli 1974 sagte: »Jetzt müßte man VW-Aktien kaufen! Die müssen sich doch irgendwann mal wieder erholen.« In diesem Fall eine richtige Aussage – dennoch eine sehr gefährliche Argumentation. Gefährlich nicht deshalb, weil die schlimmsten Nachrichten über VW im Juli 1974 noch gar nicht bekannt waren (das Unternehmen befand sich am Rand des Zusammenbruchs). Vielmehr durfte man im Juli 1974 keine VW-Aktien kaufen, weil man grundsätzlich niemals an der Börse eine fallende Aktie kaufen darf. Man weiß ja nicht, wie tief sie noch hinabgehen wird. Tatsächlich wurde der wirtschaftliche Tiefpunkt erst 1975 erreicht. Es gab eine weltweite Rezession (Minuswachstum) in allen wichtigen Industrieländern; die erste nach dem Zweiten Weltkrieg. Mitte 1974 ahnte noch niemand, wie tief der Konjunktureinbruch ausfallen würde. Erst Ende 1974 drehten die Aktienkurse in allen Ländern wieder nach oben und nahmen damit die konjunkturelle Erholung vorweg, die erst 1976 eintrat (siehe Abb. 2).

Wenn wir von Hausse und Baisse reden, müssen wir uns also

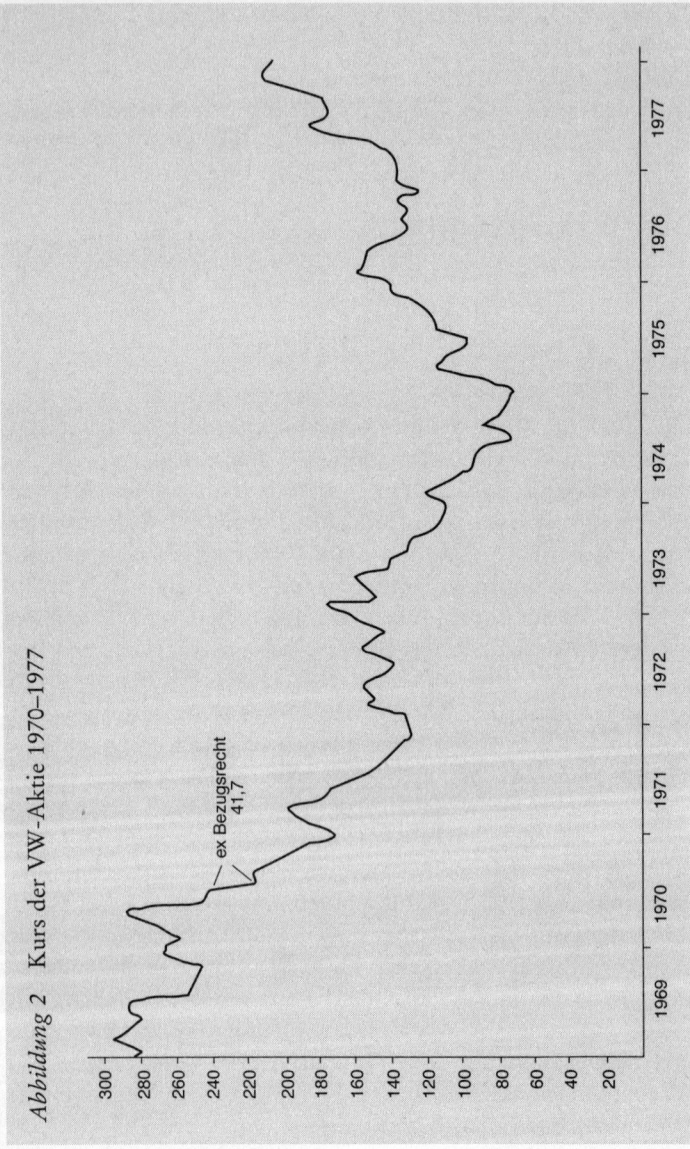

Abbildung 2 Kurs der VW-Aktie 1970–1977

ex Bezugsrecht
41,7

darüber im klaren sein, daß wir von den Bewegungen der *Aktien* sprechen. Eine Aktienhausse und ein Konjunkturhoch fallen zeitlich nie zusammen. Die Rezessionsjahre 1967, 1975, 1982/83 und 1993 waren stets glänzende Aktienjahre, während in Jahren konjunktureller Blüte wie 1970, 1973, 1979, 1987 und 1990 die Aktien in den Keller sausten. Regelmäßig werden dann die Kleinanleger von bestimmten Börsenbriefen und Börsenzeitschriften in die Irre geführt. Man empfiehlt ihnen Aktien zu Höchstkursen mit der Begründung, die Konjunktur laufe bestens, die Wirtschaft erlebe zur Zeit einen »selbsttragenden Aufschwung« und dergleichen Sprüche mehr.

Eine bewährte Faustregel an der Börse lautet, daß man dann verkaufen sollte, wenn die ersten guten Konjunkturnachrichten eintreffen. Umgekehrt gilt, daß die Börse erst dann wieder aus einer Baisse nach oben drehen kann, wenn die ersten schlechten Nachrichten einen entsprechenden Schock ausgelöst haben, nicht vorher. Konjunkturschwäche, steigende Arbeitslosenzahlen usw. sind grundsätzlich für Aktien gut. Aber es werden vorwiegend solche Aktien steigen, deren Unternehmen trotz Rezession gut dastehen. Bei Aktien, die im »Gerede« sind, steigt man erst ein, wenn sich die Kurse durch das »Gerede« nicht mehr beeindrucken lassen. Erst müssen wirklich alle schlechten Nachrichten bekannt und in den Kursen enthalten sein. Erst müssen die letzten Spekulanten in Panik ihre Aktien (meist zu Tiefstkursen) abgestoßen haben, dann ist der Markt gesäubert, wie man sagt. Anschließend wird man beobachten, daß weitere schlechte Nachrichten die Börse nicht mehr beeindrucken – ein erstes Zeichen dafür, daß es jetzt bald wieder aufwärtsgehen könnte. Denn viele sind jetzt flüssig, die Kurse niedrig, und das Kapital drängt nach Anlage.

2. Die Aktie – ein inflationssicherer Sachwert?

In den siebziger Jahren, als in den Industrieländern die Preise kletterten und Preissteigerungsraten zwischen zehn und zwanzig Prozent keine Seltenheit waren, meinte man, neben Immobilien und Gold auch die Aktie als Substanzwert und Inflationsschutz entdecken zu können. Besitzt eine Aktiengesellschaft nicht auch Grundstücke, Maschinen und Hallen, die mit der Inflation im Wert steigen müßten? Werden mit dem Geld nicht auch die Geld-Forderungen, also die Schulden des Unternehmens, real vermindert?

Gegen dieses Sachwert-Argument wurde mit Recht eingewandt, daß mit der Inflation auch die Belastung eines Unternehmens durch steigende Löhne und Zinsen zunehme. Außerdem entstünden durch die Inflation aufgrund zu niedriger Abschreibungen Scheingewinne, weshalb Unternehmen in Wirklichkeit Teile ihrer Substanz ausschütteten, wenn sie Dividenden zahlten.

Wir sollten uns jedoch nicht an betriebswirtschaftlichen Argumenten, sondern an empirischen (meßbaren) Tatsachen orientieren. Diese aber sind eindeutig. Stiegen die Inflationsraten stärker an (1973, 1979), fielen die Aktienkurse sehr rasch, wie Abbildung 3 deutlich zeigt.

Das Sachwert-Argument gilt ausschließlich für eine längerfristige Betrachtung. Die horrenden Kursgewinne in den Jahren 1983–1985 waren nur möglich, weil in den Jahren der Hausse die Inflationsverluste wieder aufgeholt wurden. In einer Baisse bleibt der Sachwert der Aktie unbeachtet.

Die negativsten Reaktionen auf höhere Preissteigerungsraten und höhere Zinsen zeigen Bankaktien. Sie sind umgekehrt aber auch meist die ersten, die steigen, wenn sich die Lage an der Preis- und Zinsfront wieder beruhigt hat.

Wer sich ernsthaft gegen erwartete starke Preissteigerungen schützen will, kauft Immobilien oder Gold (vgl. dazu Abb. 4), das in Deutschland seit 1993 wieder mehrwertsteuerfrei erworben werden kann. Am geeignetsten sind hier Metallkonten. Noch aber ist von einer Wiederkehr der Inflation nichts zu sehen. So lange bleibt Gold uninteressant.

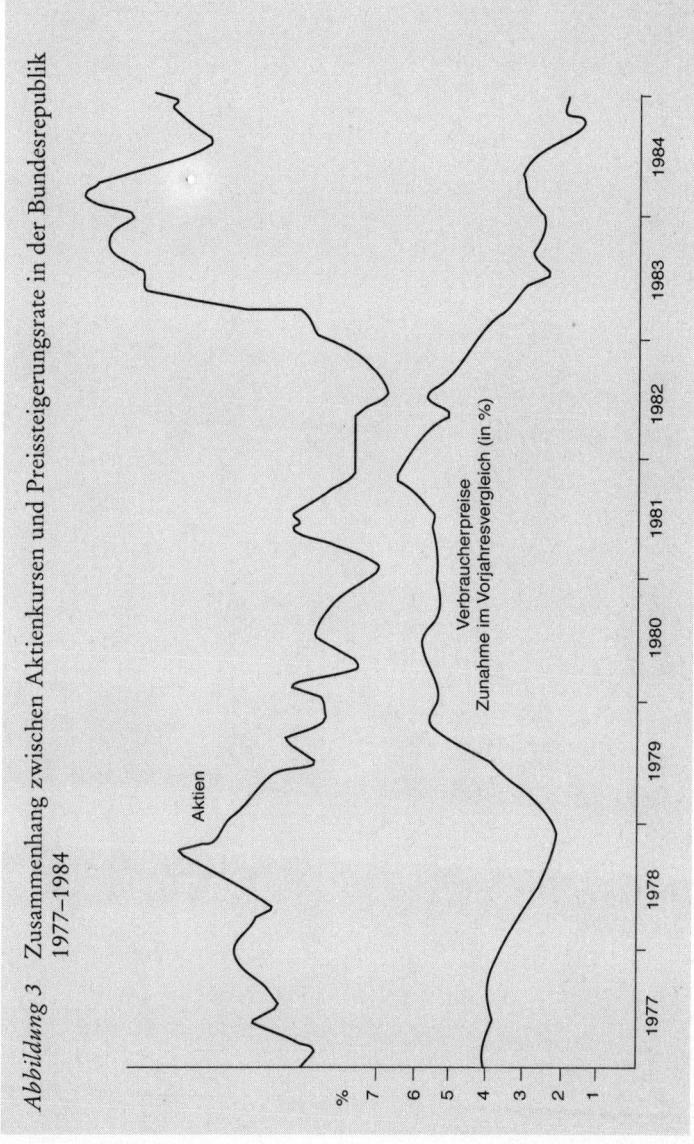

Abbildung 3 Zusammenhang zwischen Aktienkursen und Preissteigerungsrate in der Bundesrepublik 1977–1984

Aktien

Verbraucherpreise
Zunahme im Vorjahresvergleich (in %)

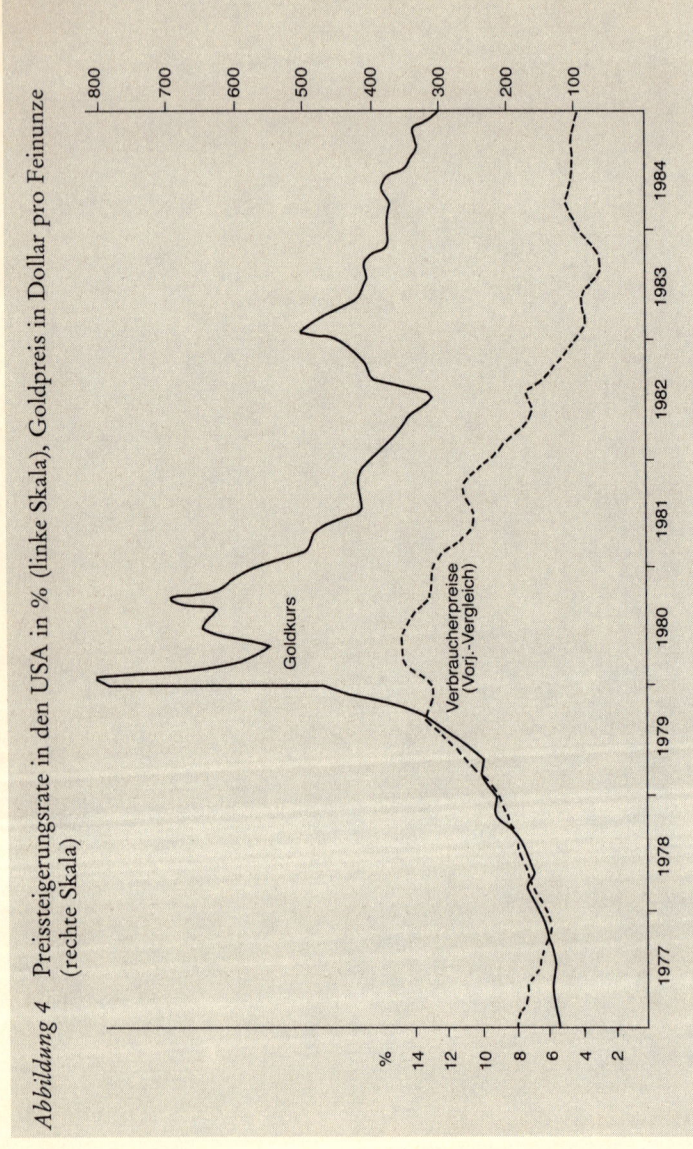

Abbildung 4 Preissteigerungsrate in den USA in % (linke Skala), Goldpreis in Dollar pro Feinunze (rechte Skala)

28

3. Bewegen sich alle Aktien im gleichen Trend?

Im großen und ganzen bewegen sich die Aktien im gleichen Trend. Dies gilt auf jeden Fall für die Aktienkurse innerhalb eines Staates, in den meisten Fällen sogar für die Aktien aller westlichen Industrieländer. Eine ausgeprägte Hausse oder Baisse umfaßt früher oder später den gesamten Markt, also Banken, Bau, Chemie, Elektro, Maschinenbau, Auto, Konsum, Verkehr usw. Aus diesem Grund ist es möglich und sinnvoll, für die Aktienkursentwicklung in jedem Land einen »Durchschnittsindex« zu errechnen, der auf ausgewählten Aktien verschiedener Branchen beruht. Dieser Index ermöglicht eine tägliche schnelle Übersicht, ob »die Aktien« gestiegen oder gefallen sind. In den USA werden der Dow-Jones-Index und der Standard & Poor's-Index besonders beachtet, in England der Financial-Times-Index. In der Schweiz konkurrieren der Swiss-Performance-Index (SPI) und der Swiss Market Index (SMI), in Deutschland der Deutsche Aktienindex (DAX; 30 Standardaktien), der Commerzbank-Index und der FAZ-Index. Im DAX werden Dividenden gutgeschrieben; in anderen Indizes geschieht das nicht. In Japan wird der Nikkei-Dow-Jones-Index sehr beachtet, auch wenn dort die bekannten internationalen japanischen Standardaktien viel zu wenig gewichtet sind.

Wenn man einzelne Aktienkurse täglich beobachtet, wird man feststellen, daß viele Aktien besser abschneiden als der Index und ebensoviele schlechter. Deshalb ist es nicht unwichtig, welche Aktien man kauft. Da sich auch die Börsen der verschiedenen Länder meist im gleichen Trend entwickeln, wenn auch mit zeitlicher Verzögerung und in unterschiedlicher Stärke (»Leitbörse« ist New York, Wall Street), ist auch die Auswahl des Landes wichtig, in dem Aktien gekauft werden. Davon wird in späteren Kapiteln noch ausführlich die Rede sein.

Abbildung 5 Wichtige Aktienindizes 1995–1998

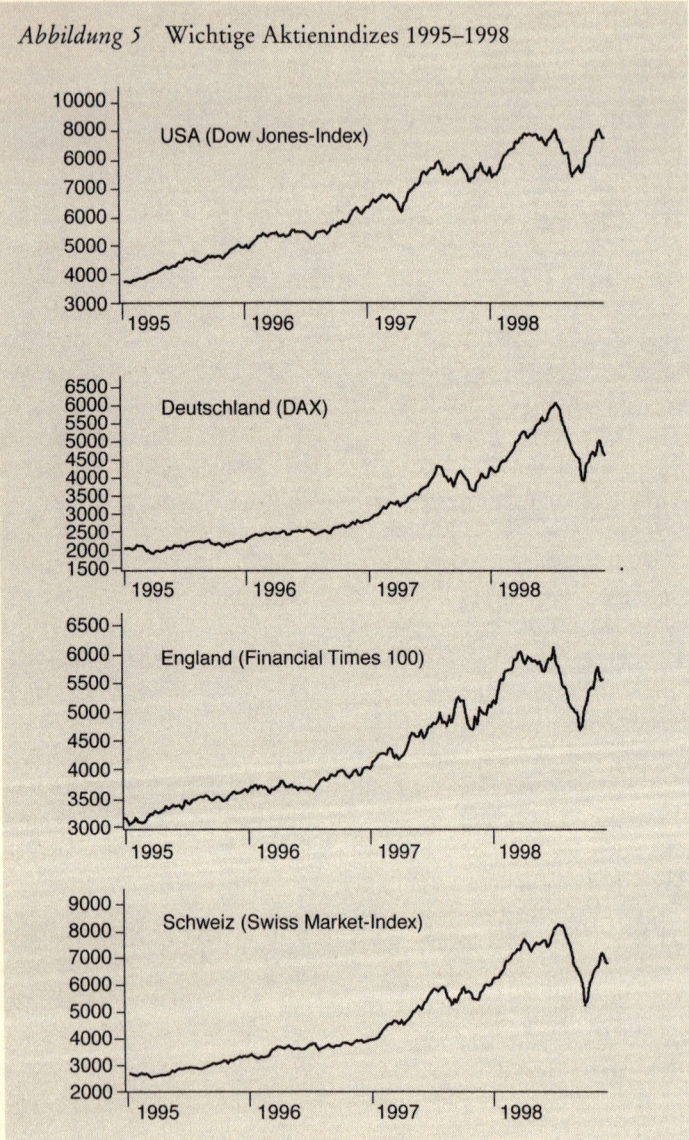

4. Der Devisenkurs – Spiegelbild des Vertrauens

In den siebziger Jahren kauften viele deutsche Anleger nur deutsche Aktien, viele Schweizer Anleger nur schweizerische Aktien, weil sie mit Recht befürchteten, die ausländischen Währungen wie Dollar, Yen, Pfund, Franc könnten fallen und damit eventuelle Kursgewinne zunichte machen.

An der Spitze der Währungsgewinner lag in den letzten dreißig Jahren mit Abstand der Schweizer Franken, gefolgt von der D-Mark. Von den übrigen Währungen konnten nur der Österreichische Schilling und der Holländische Gulden einigermaßen mithalten. Der Japanische Yen hielt zwar insgesamt gesehen gut mit, schwankte aber mit einer Bandbreite zwischen 0,70 DM und 1,60 DM pro 100 Yen sehr stark. Der Dollar fiel von vier DM (1969) auf zunächst 1,70 DM (1978), stieg erneut auf 3,47 DM (1985) und hatte sein letztes Tief im Jahr 1995 bei 1,37 DM.

Seit Beginn der achtziger Jahre sind jedenfalls die Zeiten vorbei, in denen Franken und Mark gegenüber dem Dollar nur steigen konnten. Das ist für deutsche und Schweizer Anleger übrigens sehr erfreulich. Endlich hat man auch die Chance, Währungsgewinne zu erzielen, was vor 1980 kaum möglich war. Es gab seither immer genügend Zeiten, in denen auch am steigenden Dollar verdient werden konnte.

Wie bilden sich die Devisenkurse, welchen Marktgesetzen gehorchen sie, und warum schwanken sie so stark? Diese Fragen hat man sich in den letzten Jahren angesichts der Dollar-Hektik des öfteren gestellt. Normalerweise bildet sich ein Devisenkurs auf Grund folgender Faktoren:

a) durch Kaufkraftvergleich: Was kosten Güter des täglichen Bedarfs in den USA, in Deutschland, in der Schweiz usw?

b) durch Vergleich der »Leistungsbilanzen«: Liefert ein Land mehr Güter oder Dienstleistungen (wozu u.a. auch die Bewirtung von Touristen gehört) ins Ausland, als es vom Ausland erhält, müßte sich dies auf die Dauer positiv auf die eigene Währung auswirken.

31

c) durch Vergleich der Trends der Preissteigerungsraten: Wenn zum Beispiel in einem Land die Preissteigerungsrate 14 Prozent beträgt (wie 1980 in den USA), in einem anderen Land hingegen nur sechs Prozent (wie zur gleichen Zeit in der Bundesrepublik), dann entwertet sich natürlich die eine Währung (in diesem Fall der Dollar) viel schneller als die andere und müßte gegenüber dieser daher fallen. Zu beachten ist dabei jedoch, daß die unterschiedliche Höhe der Preissteigerungsrate immer schon im gegenwärtigen Wechselkurs berücksichtigt ist. Es kommt daher hier mehr auf den Trend an, auf die Erwartung, wie groß der Unterschied der Preissteigerungsrate *künftig* sein wird. Der Dollar wurde 1981 bis 1985 auch deshalb stark, weil es gelang, die Preissteigerungsrate von 14 Prozent auf drei Prozent zu senken, was stärker ins Gewicht fiel als die Senkung der deutschen Preissteigerungsrate von sechs auf zwei Prozent. Als dieser Trend erkennbar wurde, merkte man, daß D-Mark und Schweizer Franken zu viel Vorschußlorbeeren erhalten hatten. Das wurde nun zurückgenommen.

d) durch Vergleich der Zinshöhe: Erhalte ich in einem Land sechs Prozent Zinsen für festverzinsliche Wertpapiere, im anderen Land nur drei Prozent, dann werde ich lieber die Währung des Landes kaufen bzw. in ihr investieren, wo ich sechs Prozent erhalte, es sei denn, ich erwarte, daß die Währung stärker fällt, als mein Zinsvorteil beträgt. Da die gegenwärtigen Zinshöhen immer schon im Kurs enthalten sind, kommt es hier weniger auf den absoluten Zinsabstand als vielmehr auf *Veränderungen des Zinsabstands* an. Dies zeigt Abbildung 6 ganz deutlich. In der »Zinsdifferenzkurve« ist der Abstand der Zinsen der 30jährigen US-Staatsanleihen zur Durchschnittsrendite der deutschen öffentlichen Anleihen festgehalten.

Der Dollaranstieg über drei DM in den Jahren 1984/85 ist allerdings mit diesen vier Faktoren allein nicht erklärbar. Der Dollar stieg, weil »Vertrauen« in die US-Wirtschaft entstanden war.

Abbildung 6 Dollarkurs in DM 1994–1998
Zinsdifferenz $–DM 1994–1998

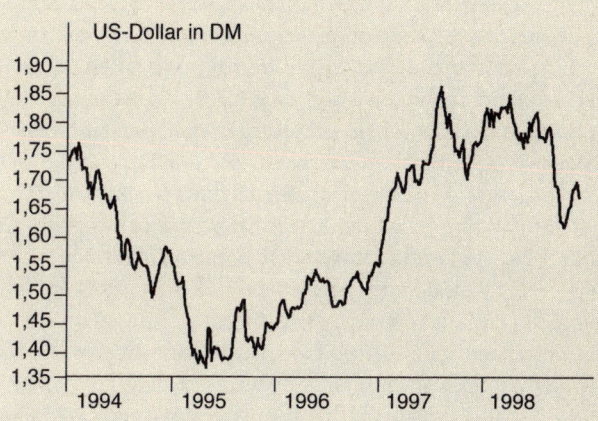

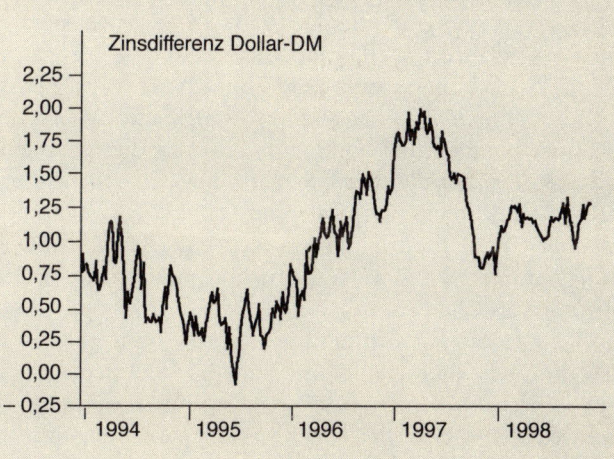

Dieses Vertrauen beruhte nicht allein auf der Erwartung einer stabilen Preisentwicklung (Punkt c), sondern vor allem auf einer nicht allein logisch erklärbaren USA- und Reagan-Begeisterung. Nüchtern betrachtet, bestand für dieses Vertrauen überhaupt kein Anlaß. Schon 1983/84 gab der amerikanische Staat (vor allem bedingt durch die hohen Rüstungsausgaben) weit mehr aus als er einnahm. Aber was unter den Regierungen Nixon und Carter zu schrecklichem Mißtrauen gegenüber dem Dollar geführt hatte, nahm der Regierung Reagan niemand übel. Auch die Europäer drängten sich alle danach, der US-Regierung Geld zu leihen, so daß trotz Leistungsbilanzdefizit, trotz Haushaltsdefizit der Dollar immer weiter stieg. Man darf ruhig auch annehmen, daß der steigende Dollar viele dazu verleitet hat, allein auf Grund dieses Trends auf ihn zu setzen. Da ist einfach viel Psychologie im Spiel; Vertrauen kann man nicht errechnen. Aber dieses Vertrauen hält auf die Dauer nur dann, wenn es objektiv begründet ist. So war es auch kein Wunder, daß der Dollar nicht auf diesem völlig irrealen Höhenflug, der ihn über die Marke von 3,40 DM führte, bleiben konnte.

Um zu verhindern, daß bei jedem Dollarkursverfall aufgrund der Fluchtbewegung in die Deutsche Mark auch noch das europäische Währungsgefüge in Mitleidenschaft gezogen und damit die Preisbildung etwa in der Autoindustrie für die betroffenen Unternehmen zum unkalkulierbaren Risiko wird, kamen europäische Politiker und Währungssachverständige auf die Idee, eine Eurowährung zu gründen. Sie setzt eine einheitliche Finanz- und Preispolitik sowie eine gemeinsame europäische Zentralbank voraus, die die Geldmenge kontrolliert. Bereits vor ihrer Einführung, in der großen Vertrauenskrise im Sommer 1998, der Währungen und Banken in Asien, Lateinamerika und Rußland zum Opfer fielen, hat sich die Eurowährung sehr gut bewährt. Die Währungen aller Länder, die zum 1.1.1999 den Euro einführen würden, blieben stabil, während etwa die norwegische und die schwedische Krone rund fünf bis zehn Prozent einbüßten.

Jedenfalls lohnt es sich für den Aktionär immer, der Entwicklung der Währungen anhand der Devisenkurse, die in jeder großen Tageszeitung veröffentlicht werden, genaueste Beachtung zu schenken. Der Trend zeigt am deutlichsten, wem das internationale Kapital gegenwärtig am meisten vertraut, zu wem das meiste Geld hinfließt. Und er zeigt auch an, wenn es, wie 1997 und 1998 im Falle des Yen, zu einer Vertrauenskrise kommt, der in Windeseile auch die Aktienmärkte in aller Welt zum Opfer fallen können.

Lassen sich solche Trends messen, und sind Trendänderungen rechtzeitig erkennbar? Im 5. und 6. Kapitel werden wir uns mit den Meßmethoden bei Aktien näher beschäftigen. Wer sich für Devisengeschäfte interessiert, sei allerdings auf folgendes hingewiesen: Bei Aktien disponiert der Anleger gewöhnlich mittelfristig (sechs Monate bis zwei Jahre). Die Schwankungen der Aktien entsprechen solchen Zeiträumen.

Bei Devisen hingegen sollte man nur kurz (ein bis vier Monate, selten bis zu einem Jahr) engagiert sein. Dies liegt an der Kursbewegung.

Devisenkurse bewegen sich viel unregelmäßiger als Aktienkurse. Sie halten sich weder zuverlässig an Trendlinien (Kapitel 5, Abschnitt 2) noch an Widerstands- und Unterstützungszonen (Kapitel 5, Abschnitt 3).

Bei der Analysenmethode der »gleitenden Durchschnitte« (Kapitel 5, Abschnitt 1) wird der Devisenspekulant durch die starken, nervösen und oft scheinbar unmotivierten Schwankungen immer wieder genarrt. Ich richte mich gewöhnlich nach zwei Faktoren:

1. Hat sich der Zinsabstand verändert? Steigen zur Zeit die langfristigen Dollarzinsen, während die Euro-Anleihezinsen eher sinken? Ein Blick in die letzten drei bis sechs Ausgaben der Tageszeitung genügt hier. Im genannten Fall wird der Dollar gegenüber dem Euro wahrscheinlich steigen.
2. Wie liegt der Dollarkurs im Trend gegenüber dem Euro, dem Franken, dem Yen und dem Pfund? Ist der Dollarkurs höher als vor einem oder vor zwei Monaten? Wenn ja, dann befindet sich der Dollar im Aufwärtstrend, und ich muß damit rechnen, daß dieser Trend noch anhält.

Wenn dann ein Zeitpunkt kommt, wo der Trend des Dollars im Monatsvergleich nicht mehr nach oben weist, achte ich besonders genau auf die Entwicklung des Zinsabstandes und auf das Verhältnis des Dollars auch zu Yen, Pfund und Franken. Denn meist bewegt sich der Dollar früher oder später gegenüber all diesen Hauptwährungen gemeinsam entweder nach oben oder nach unten.

Für Aktionäre ist wichtig: Ein steigender Dollar begünstigt deutsche exportorientierte Aktien (Auto, Chemie, Maschinenbau); bei sinkendem Dollar sind Banken interessant. Denn diese verhalten sich eher zinsempfindlich, und bei einem sinkenden Dollar sind Zinssteigerungen weniger zu befürchten als bei steigendem Dollar.

Insgesamt jedoch reagiert die deutsche Aktienbörse auf einen steigenden Dollar freundlicher als auf einen fallenden. Keine große Aktienbaisse seit Mitte der achtziger Jahre (1987, 1989, 1990, 1992, 1998) ereignete sich bei einem steigenden Dollarkurs! Bei der großen Panik der Aktienmärkte Ende Oktober 1997 und August/September 1998 lag der US-Dollar gegenüber den Euro-Währungen vorher deutlich im Abwärtstrend.

5. Politische Faktoren

Welchen Einfluß haben die politischen Verhältnisse eines Landes auf seine Aktienbörse? Nach meinen Erfahrungen kurzfristig und mittelfristig großen, langfristig keinen Einfluß.

Einerseits stimmt es, daß »das Kapital« wie ein scheues Reh ist. Wo es Gefahren für die freie Wirtschaft wittert, reagiert es geradezu hysterisch. In Italien zum Beispiel konnte die Börse in den siebziger Jahren einfach deshalb nie Tritt fassen, weil die Kommunistenfurcht zu groß war. 1980 trat ein Umdenken ein. Die Folge war ein Kursfeuerwerk, trotz Inflation, wirtschaftlichen Niedergangs und hoher Arbeitslosigkeit. Zwar gingen die Kurse bis 1982 wieder nach unten, erklommen aber 1983–1985 noch größere Höhen.

Auch Frankreich ist ein interessanter Fall. 1977 wagte niemand, französische Aktien zu kaufen. Auslöser der Angst waren die Wahlen im März 1978, in denen nach Meinungsumfragen die Linke (Kommunisten und Sozialisten) siegen sollte. Als dann wider Erwarten die Rechte (Gaullisten, Giscardisten) die Wahl gewann, explodierte die Börse förmlich, und die Hausse hielt noch bis Ende 1978 an.

In beiden Fällen waren die Kurse durch die übermächtige Furcht vor Verstaatlichungen und staatlichen Eingriffen in die Wirtschaft künstlich gedrückt gewesen. Kaum hatte die Furcht abgenommen, traten wieder »normale« Kurse auf. Als übrigens in Frankreich 1981 die Linke dann doch siegte, verbunden mit einem Erdrutsch an der Börse, wurden auch hier die Verluste bald mehr als ausgeglichen. Zwar verstaatlichten die Sozialisten die Schlüsselindustrien (die bekanntesten französischen Aktien wie Saint Gobain, Thomson-Brandt, Paribas-Bank, Rhône-Poulenc, die international gehandelt wurden, konnten plötzlich nicht mehr an der Börse gekauft werden), erhöhten bestimmte Steuern, die »das Kapital« besonders trafen, und führten Devisen- und Preiskontrollen ein. Andererseits wurden die Aktionäre großzügiger entschädigt als erwartet, wenn ihre Unternehmen verstaatlicht wurden, und auch die Sozialisten lernten, daß allein »mehr Staat« kein Allheilmittel in der Wirtschaft ist. Bald hatte sich die Börse an die sozialistische Regierung gewöhnt, wobei die Tatsache, daß es nun weit weniger an der Börse gehandelte Aktiengesellschaften gab, sich für die Kurse dieser Unternehmen sehr positiv auswirkte.

Als es in Frankreich Ende Mai 1997 wieder einmal zu einer Ablösung der gaullistischen Mehrheit durch die Linke kam, reagierte die Börse gerade einmal für einen Tag verstimmt, dann nahm sie ihre vorherige Aufwärtsbewegung wieder auf (Abb. 7).

Richtig ist, daß die Börse in Deutschland den Christdemokraten freundlicher gesinnt ist als der SPD, in den USA den Republikanern freundlicher als den Demokraten, in England den Konservativen freundlicher als der Labour Party. Sobald sich die Börse jedoch mit den Verhältnissen und der Regierung abgefun-

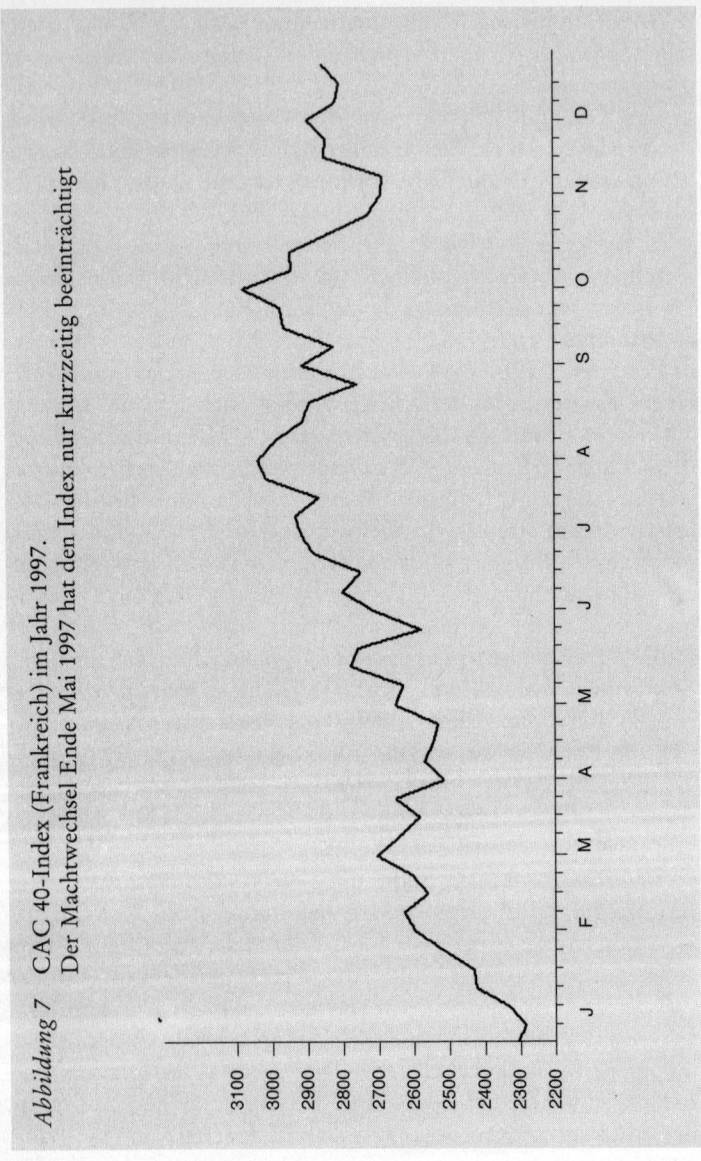

Abbildung 7 CAC 40-Index (Frankreich) im Jahr 1997.
Der Machtwechsel Ende Mai 1997 hat den Index nur kurzzeitig beeinträchtigt

den hat, läuft sie wieder normal – es sei denn, es erfolgen tatsächlich schwerwiegende Eingriffe in die freie Wirtschaft. Dies hat aber keine westliche Regierung, gleich von welcher Partei sie gestellt wird, ernsthaft im Sinn.

Deshalb gilt an der Börse mit einer gewissen Berechtigung die Regel: »Politisch begründete Niedrigkurse sind Kaufkurse«.

6. Gebühren, Limits, Stoploss-Orders

Die meisten wichtigen ausländischen Aktien sind auch an deutschen Börsen zu haben. Deutsche Anleger können sie damit recht spesengünstig erwerben (für Schweizer Anleger gilt entsprechend dasselbe). Wenn Sie an einer inländischen Börse kaufen, ganz gleich ob inländische oder ausländische Aktien, zahlen Sie etwa zwischen 1,1 und 1,4 Prozent Nebenkosten. Dasselbe auch beim Verkauf. Das bedeutet, daß eine Aktie, die Sie zum Kurs von 100 kaufen, etwa bis 103 steigen muß, damit die Unkosten aufgeholt sind. Alles, was darüber hinausgeht, ist echter Gewinn, den Sie übrigens (jedenfalls in Deutschland) nur versteuern müssen, wenn Sie ihre Aktien innerhalb von zwölf Monaten wieder verkaufen; das ist im allgemeinen nicht der Fall – nach den in diesem Buch empfohlenen Richtlinien besitzen Sie zumindest die gut im Trend liegenden Aktien meist länger.

Sollten Sie noch nie Aktien gekauft haben, dann gehen Sie zu Ihrer Bank oder Sparkasse. Lassen Sie sich ein Depot einrichten und teilen Sie dem Geldinstitut mit, daß Sie Ihre Aufträge stets telefonisch durchgeben. Das ist für Sie äußerst bequem. Wenn Ihre Bank auf Draht ist, wird sie Ihre Anweisungen (Orders) sofort an der Börse (geöffnet 8.30–17.00 Uhr) ausführen lassen. Sollte Ihre Bank behaupten, das ginge nicht, so wechseln Sie schleunigst das Institut.

Gehen Sie vorsichtig mit Ratschlägen um, die Ihnen Ihre Bank gibt. Wie gut die Berater Ihrer Bank sind, merken Sie sehr schnell daran, ob Ihnen bestimmte Tips gegeben werden, womöglich noch mit Hinweis auf die gute Geschäftslage des empfohlenen

Unternehmens. Solche Tips sind nichts wert, denn was der Mann oder die Frau am Bankschalter wissen, das weiß die Börse längst. Einen wirklichen Börsenexperten erkennen Sie daran, daß er sich mit Ihnen über die Zinssituation unterhält (siehe 4. Kapitel), daß er auch ausländische Aktien in die Überlegungen mit einbezieht, daß er nicht vorgibt, über alle Aktien genau Bescheid zu wissen, und daß er dort, wo die Risiken größer sind als die Chancen, dies deutlich sagt. Ich wünsche mir jedoch, daß Sie nach Lektüre dieses Buchs selbstbewußt genug sind, um zu erkennen, daß Ihr Bankberater auch nicht sicherer entscheiden kann als Sie selbst. Es geht um Ihr Geld; Sie müssen sich Ihr eigenes Urteil bilden, was zu tun ist.

Eine Alternative wäre, daß Sie sich mit einem amerikanischen Brokerhaus, das in der Bundesrepublik und in der Schweiz Filialen hat, in Verbindung setzen. In größeren Tageszeitungen finden Sie immer wieder Anzeigen dieser Brokerhäuser. Es handelt sich hier nicht um Banken, sondern um Dienstleistungsunternehmen. Man darf sie nicht verwechseln mit jenen obskuren Unternehmen, die per Telefon Kunden anwerben und ihnen riskante Warentermingeschäfte empfehlen wollen. Brokerhäuser sind seriöse Institute; Sie können sich hier Dollarkonten führen lassen, Sie können Ihr Geld festverzinslich in Dollar anlegen. Auch Dollar-Festgelder sind möglich, während deutsche Institute Festgelder in Fremdwährung zum Teil erst ab einer Einlage von 500.000 DM annehmen. Sie können bis 22 Uhr Aufträge erteilen, die sofort in New York ausgeführt werden, entsprechend auch in Tokio oder London. Wenn Sie richtig spekulieren wollen (Optionsgeschäfte, Termingeschäfte, Leerverkäufe), kommen Sie ohne die Dienste eines Brokerhauses nicht aus.

Allerdings sind bei Aktienkäufen die Spesen beim Brokerhaus wesentlich höher als bei inländischen Instituten. Das liegt jedoch nicht am Brokerhaus, sondern daran, daß Käufe in New York für Europäer eben teurer sind als in Frankfurt. Sie müssen hier mit rund 3 % Spesen beim Kauf und beim Verkauf rechnen. Eine Aktie muß also um knapp 7 % steigen, damit sich ihr Kauf zu lohnen beginnt. In Frankfurt sind die Nebenkosten nur halb so hoch, aber ausländische Aktien werden hier nur in begrenztem Umfang gehandelt. Ihr Bankberater kann Ihnen sagen, ob die von Ihnen gewünschte Aktie in Frankfurt, Zürich, Düsseldorf oder München·einen genügend breiten Markt hat oder ob die Gefahr besteht, daß Sie den Kurs durch Ihren Auftrag zu Ihren Ungunsten in die Höhe treiben. Hält Ihre Bank es für besser, direkt in New York, ·London oder Tokio zu ordern, dann bekommen Sie die Aktie beim Broker sogar etwas günstiger.

Soll man beim Kauf oder Verkauf von Aktien ein Limit setzen? Darunter versteht man beim Kauf einen Höchstpreis, den man noch zu zahlen bereit ist, und beim Verkauf einen Mindestpreis, den man erhalten will. Da die Kurse täglich unregelmäßig schwanken, kann man durch Setzen von Limits vermeiden, daß man zufällig gerade an dem Tag, an dem man seinen Auftrag eingibt, einen ungünstigen Kurs erhält. Außerdem vermeidet man bei sehr großen Aufträgen und bei engen Märkten (»enger Markt«: relativ wenige Papiere des Unternehmens werden an der Börse gehandelt), daß man den Kurs zu sehr beeinflußt. Diese Sorge müssen Sie allerdings bei den großen, bekannten Gesellschaften nicht haben; von ihnen werden täglich Aktien im Wert von mehreren Millionen Mark an der Börse umgesetzt.

Es gibt Börsenratgeber, die das Setzen von Limits grundsätzlich ablehnen. Man müsse wissen, was man wolle, und habe es nicht nötig, um kleine Beträge hin oder her zu feilschen. Daran ist schon etwas Wahres, und es ist sicherlich wertvoll zu wissen, daß ein Kauf oder Verkauf am Tag des Auftrags sicher zustandekommt – was so gut wie immer der Fall sein wird, wenn kein Limit gesetzt wurde. Andererseits kann man nicht leugnen, daß die Wahrscheinlichkeit groß ist, in den nächsten Tagen (oder sogar am gleichen Tag) noch einen günstigeren Kurs zu bekommen. Eine Aktie, die steigt oder fällt, tut das immer unter Schwankungen. Warum sollte man diese nicht ausnützen? Das Risiko ist natürlich, daß der Auftrag vielleicht nicht ausgeführt wird, weil das Limit verfehlt wird.

Dazu ein praktischer Tip: Ich habe es mir zur Gewohnheit gemacht, etwa eine Woche vor Monatsschluß zu überlegen, was ich

41

kaufen oder verkaufen will. Dann setze ich ein Limit. Da Limits immer bis »Ultimo« (Monatsschluß) gelten, besteht nun für rund fünf Börsentage die Möglichkeit, einen relativ günstigen Kurs zu erhalten. Klappt es nicht, verlangt die Bank pro Auftrag nicht selten 10 bis 20 DM Limitgebühr. Am Ersten des neuen Monats stelle ich dann meinen Auftrag noch einmal neu, aber dann »billigst« (bei Käufen) bzw. »bestens« (bei Verkäufen), also ohne Limit.

Auf einer anderen Ebene liegen die sogenannten »Stoploss-Orders«. Diese haben den Sinn, sich vor Verlusten zu schützen. Sie können zum Beispiel Ihrer Bank Anweisung geben, eine Aktie automatisch zu verkaufen, wenn sie einen von Ihnen festgelegten Kurs unterschreitet. Das ist dann ein Zeichen, daß Sie schiefliegen und weiter Verluste vermeiden wollen. Auch deutsche Institute nehmen neuerdings für die marktbreiten Aktien des DAX solche Stop-Orders an. Man sollte nur in Ausnahmefällen (z. B. bevorstehender Urlaub) davon Gebrauch machen, denn nicht auf bestimmte Kurse kommt es an, sondern entscheidend ist, ob die Voraussetzungen noch stimmen, auf Grund derer eine Aktie gekauft wurde!

Wo soll man die Stoploss-Linie ziehen? Am besten eignen sich Unterstützungszonen – siehe Kapitel 5, Abschnitt 3. Sind Ihnen solche Zonen bei der betreffenden Aktie nicht bekannt, dann setzen Sie Ihr Stoploss etwa fünf bis zehn Prozent unter dem Kaufkurs an. Die Aktie benötigt etwas Spielraum für ihre zufälligen Schwankungen; diese können toleriert werden, ohne daß man bereits von einer Trendwende sprechen muß. Das Stoploss muß so niedrig liegen, daß man sicher sagen kann: Wenn diese Linie unterschritten ist, dann habe ich mich geirrt, dann geht es nicht aufwärts, sondern sicher abwärts.

Vermeiden Sie möglichst, die Stoploss-Linie bei ganz »runden« Zahlen anzusetzen. Da vermutlich viele Anleger hier ihr Stoploss plazieren, könnte Ihre Aktie gerade dann verkauft werden, wenn viele Stoploss-Orders zusammentreffen und für einen verhältnismäßig tiefen Tageskurs sorgen.

7. Termingeschäfte, Leerverkäufe, Optionshandel

Alte Börsenhasen wissen, daß man an der Börse auch mit geringem Kapitaleinsatz spekulieren kann. Jeder hat schon einmal von den riskanten Warentermingeschäften gehört. Man weiß, daß man auch an fallenden Kursen verdienen kann. Doch die Einzelheiten und das Ausmaß des Risikos sind dem Börsenneuling in der Regel nicht bekannt. In diesem Abschnitt soll erklärt werden, worum es geht.

Ein Termingeschäft (ganz gleich, ob mit Waren, Edelmetallen, Devisen, Aktien oder Aktienindizes) funktioniert immer auf dieselbe Art. Sie kaufen oder verkaufen die Waren oder Devisen usw. zu einem festen Preis zu einem späteren festen Termin – sagen wir einmal in drei Monaten. Bezahlt und geliefert wird also nicht jetzt; nur ein kleiner »Einschuß« von vielleicht zehn Prozent der Summe wird als Sicherheit geleistet. Der Terminkäufer hofft auf steigende Kurse vor dem Fälligkeitstermin, um die Ware bzw. Devisen gleich wieder mit Gewinn zu verkaufen. Der Terminverkäufer hofft auf fallende Kurse. Er hat nämlich »leer« verkauft, das heißt er hat die Ware, die Devisen usw. noch gar nicht. Die will er vor dem Fälligkeitstermin billiger kaufen und dann zum vereinbarten teuren Preis verkaufen.

Sie können, bezogen auf Ihr eingesetztes Kapital, schnell hohe Gewinne machen, aber ebenso schnell natürlich hohe Verluste. Die gewaltigen Beträge, die hier bewegt werden (meist weit über 100.000 DM), sind das Verhängnisvolle an solchen Geschäften. Wer kann es sich schon leisten, eine Position eisern durchzuhalten, falls sich der Kurs in die verkehrte Richtung bewegt und einem gleich Verluste von ein paar tausend Dollar beschert? Sicher, der Kurs kann wieder drehen. Was aber, wenn man sich geirrt hat? Lieber mit Verlust glattstellen, als Haus und Hof zu riskieren! Wer aber aus Geldmangel schon kleine Verluste glattstellen muß, sollte dem Terminmarkt fernbleiben.

Rechnen Sie bei Termingeschäften stets so, als müßten Sie die gesamte Summe, um die es geht, selbst aus eigenen Mitteln finanzieren. Dann können Sie sich nicht übernehmen. Und steigen Sie aus, wenn Sie schiefliegen. Ihr Partner sollte in jedem Fall nur eine Bank oder ein angesehenes Brokerhaus sein, niemals aber Firmen, die Sie ungebeten anrufen und Ihnen Gewinne versprechen. Ganz abgesehen davon, daß es hier »Schwindelfirmen« gibt, die den Auftrag gar nicht zur Börse weitergeben, sondern Ihr Geld in die eigene Tasche stecken, sind die Gebühren solcher Firmen oft so hoch, daß schon deshalb ein Gewinn bei dem Geschäft nicht möglich ist.

Mit der Einrichtung der Terminbörse Eurex stehen jetzt auch Kleinanlegern, die nur an deutschen Börsenplätzen handeln, solche Instrumente zur Verfügung. Mit einem sogenannten »DAX-Future« können Sie beispielsweise den Deutschen Aktienindex per Termin kaufen (wenn Sie auf steigende Kurse setzen) oder verkaufen (wenn Sie mit fallenden Kursen rechnen). Vergessen Sie dabei aber nie, daß Sie schon bei *einem* Kontrakt mit viel Geld handeln, auch wenn Sie nur einen Bruchteil der Summe hinterlegen müssen.

Das ist nichts für schwache Nerven und nichts für Börsenneulinge. Wer solche Geschäfte unternehmen will, muß ohnehin bei seiner Bank unterschreiben, daß er über alle Gefahren gründlich informiert wurde.

Besonders vorsichtig müssen Sie sein, wenn Sie bei Termingeschäften »short« gehen, das heißt auf fallende Kurse setzen. Während Sie bei der Spekulation auf steigende Kurse schlimmstenfalls befürchten müssen, daß der Preis auf Null fällt, können Sie bei »Short-Geschäften« durchaus das Mehrfache des Preises verlieren, zum Beispiel wenn der Preis nicht nur um das Doppelte, sondern um ein Mehrfaches steigt.

In der Praxis wird das bei Termingeschäften auf den DAX natürlich nicht vorkommen, ebensowenig wie er auf Null fallen kann. Aber bei sogenannten »Leerverkäufen« bei einzelnen Aktien an der US-Börse sind solche Dinge schon oft passiert.

Durchaus üblich hierzulande ist hingegen der Optionshandel. Man unterscheidet hier Kaufoptionen und Verkaufsoptionen. Eine Kaufoption (Call) ist das Recht, jederzeit Aktien zu einem festen Preis bis zu einem bestimmten Termin kaufen zu dürfen. Eine Verkaufsoption (Put) ist das Recht, jederzeit Aktien zu einem festen Preis bis zu einem bestimmten Termin verkaufen zu dürfen. Der Käufer eines Call spekuliert auf steigende Kurse, der Käufer eines Put spekuliert auf fallende Kurse. Für viele ist das Optionsgeschäft verlockender als der Terminhandel, weil hier von vornherein feststeht, wieviel man höchstens einsetzt (nämlich den Optionspreis). Die Nachschußpflicht besteht hier nicht, deshalb scheint das Optionsgeschäft weniger riskant.

Der Schein trügt; die Gewinnchancen beim Kauf von Optionen sind noch geringer als bei den Termindifferenzgeschäften. In 70 Prozent aller Fälle werden die Optionen gar nicht ausgeübt, wobei der gesamte Einsatz verloren geht; in den restlichen 30 Prozent der Fälle erweist sich der Gewinn meist als weniger üppig als gedacht.

Woran das liegt, sei an einem kleinen Rechenbeispiel erläutert. Am Freitag, den 8. Oktober 1993, herrschte großer Jubel an den deutschen Börsenplätzen. Der DAX hatte erstmals über der psychologisch wichtigen Marke von 2000 Punkten geschlossen. In dieser guten Stimmung ließ sich auch mancher Kleinanleger, dem ein Einstieg bei einem DAX-Stand von 1500 noch als »zu riskant« erschien, dazu bewegen, nun an der Deutschen Terminbörse mit einem Schlag alles Versäumte nachholen zu wollen.

Die Siemens-Aktie notierte am 8.10. bei 700 DM. Ein Siemens-Call an der DTB zum Dezember-Termin Basis 700 DM kostete 28 DM, zur Basis 750 jedoch nur acht DM.

Unser Anleger rechnet nun so: Wenn die Siemens-Aktie bis zum 17. Dezember von 700 auf 800 DM steigen sollte, dann müßte ein Call, der mir das Recht gibt, die Aktie zu 700 DM (Basispreis) zu erwerben, zu diesem Zeitpunkt 100 DM wert sein, derselbe Call zum Basispreis 750 hingegen 50 DM.

Gemessen am Preis für den Call (28 DM bzw. acht DM) verspricht der erstere nur 357 Prozent Gewinn, der letztere hingegen 625 Prozent.

Das Gefährliche an der zweiten Variante (Basis 750) ist aber: Die Aktie muß wirklich über 750 steigen, sonst tritt Totalverlust ein (was natürlich bei Variante 1 – Basis 700 – auch der Fall ist, wenn der Kurs unter 700 fällt und dort bleibt).

Und wie kam es nun tatsächlich?

Siemens stieg zwar weiter, erreichte bis zum 17. Dezember noch Kurse um 740, aber die Marke 750 wurde nicht genommen. Eine Woche vor dem Verfalltermin (17.12.) war der zu acht DM erworbene Call nur noch fünf DM wert, obwohl der Anleger sogar richtig gelegen und auf steigende Siemens-Aktien gesetzt hatte. Nur seine Erwartungen waren überzogen gewesen.

Zum Optionsgeschäft sollten Sie wissen, daß man es auch umgekehrt betreiben kann, nämlich selbst Kauf- und Verkaufsoptionen verkaufen. Als Verkäufer einer Kaufoption muß man die Aktien schon besitzen und als Sicherheit hinterlegen. Als Verkäufer einer Verkaufsoption muß man den Geldbetrag für die Aktien hinterlegen. Man nennt die Verkäufer von Optionen Stillhalter, weil sie entweder mit Aktien oder mit Geld »stillhalten« müssen, bis die Option abgelaufen ist.

Ein Stillhalter hat keine besonderen Erwartungen bezüglich steigender oder fallender Kurse. Viele Stillhalter (oft Banken) sind einzig und allein an den Optionsprämien interessiert und verkaufen sowohl Kauf- als auch Verkaufsoptionen. Sie rechnen mit keinen wesentlichen Kursveränderungen, sondern mit einer Seitwärtsbewegung. Da sich in der Tat die Börse häufiger seitwärts als auf- oder abwärts bewegt, ist dieser Standpunkt verständlich. Die Stillhalter nehmen Verluste in Kauf, weil sie davon überzeugt sind, auf lange Sicht doch besser abzuschneiden als die Optionskäufer. Sie haben damit nicht unrecht. Aber auch das Gegenargument leuchtet ein: Wenn ich davon überzeugt bin, daß Aktien steigen, kaufe ich sie. Wenn ich meine, daß sie fallen, verkaufe ich sie. Wenn ich meine, daß die Börse seitwärts geht, warte ich ab, indem ich mein Geld zinsbringend anlege.

Wenn Sie an der Deutschen Terminbörse (DTB) Optionen handeln, so achten Sie auf folgendes:

Bei Aktien umfaßt ein Kontrakt immer mehrere Stücke, bei Calls und Puts auf den DAX sind es zehn Stück. Der Preis, den Sie in Ihrer Zeitung finden, bezieht sich auf ein Stück.

Sehr viel mehr Möglichkeiten haben Sie natürlich bei den US-Optionen. Da in New York und Chicago ein genügend breiter Markt zur Verfügung steht, können Sie hier über ein Brokerhaus nach Belieben mit zahlreichen Kauf- und Verkaufsoptionen handeln. Sollte Ihnen dies Spaß machen, dann lassen Sie sich von Ihrem Brokerhaus gut beraten, welche taktischen Möglichkeiten Sie hier haben. Sie erfahren dann etwas über »Bull-Spreads«, »Bear-Spreads«, »Ratio-Selling« usw. Eine eingehende Erläuterung aller Formen der Optionsgeschäfte würde den Rahmen dieses Buches sprengen.

8. Optionsscheine

Zwischen Optionen und Optionsscheinen gibt es eigentlich nur einen Unterschied: Optionsscheine laufen mehrere Jahre. Auch sie beinhalten das Recht, Aktien bis zu einem bestimmten Termin zu einem bestimmten Preis zu beziehen. Oft sind solche Optionsscheine mit der Ausgabe einer Anleihe verbunden (sogenannte Optionsanleihe). Da manche Optionsscheine bis zehn Jahre und länger laufen, hat man bei ihnen natürlich viel Zeit. Sie werden ebenfalls an der Börse gehandelt, nur schwanken ihre Kurse sehr viel stärker als die Kurse der Aktie selbst.

Beispiel:

	Commerzbank Aktie	*Co-bank OS 1994–99*
31. 10. 97	58,41	140,00
17. 07. 98	70,00	180,00
02. 10. 98	40,10	67,70
27. 11. 98	55,00	118,25

Der Schein schwankt also prozentual wesentlich stärker als die Aktie. Das ist die sogenannte Hebelwirkung, die von den Bedingungen abhängt, zu denen der Schein ausgegeben wurde. So kann man einfacher als mit kurzfristigen Optionsgeschäften überdurchschnittlich gewinnen, wenn man überzeugt ist, daß es jetzt insgesamt an der Börse aufwärts geht.

Es gibt mehrere Gründe, weshalb Sie dennoch nicht nur Optionsscheine kaufen sollten. Zunächst einmal gibt es wenige Optionsscheine für ausländische Aktien; deutsche Anleger wären hier zu einseitig auf die deutsche Börse festgelegt. Zweitens ist der Markt für Optionsscheine »eng«, das heißt, daß schon mehrere größere Aufträge die Kurse hier weit nach oben bewegen. Deshalb muß beim Kauf und beim Verkauf von Optionsscheinen stets ein Limit gesetzt werden. Außerdem sollte man bei seiner Bank oder in seiner Börsenzeitschrift immer die genauen Bedingungen für die Optionsscheine in Erfahrung bringen und sich ausrechnen, wie teuer die zugrundeliegende Aktie käme, wenn man sie tatsächlich über den Optionsschein beziehen wollte. Diesen Unterschied in Prozent, den die Aktie über den Optionsschein mehr kosten würde, nennt man Aufgeld. Wieviel Aufgeld man noch akzeptieren sollte, ist ganz unterschiedlich.

Zu Beginn eines Börsenaufschwungs, wenn die Kurse noch relativ niedrig sind und alle sich besonders um die Optionsscheine reißen, kann man schon noch Aufgelder bis zu zehn Prozent hinnehmen. Leider aber sind Optionsscheine inzwischen so beliebt, daß das Aufgeld meist weit höher liegt (30 Prozent und mehr sind nicht unüblich). Vorschlag: Kaufen Sie dann lieber Aktien mit 50 bis 70 Prozent Fremdkapital! Sie erreichen ebenfalls die Hebelwirkung auf Ihr Eigenkapital, haben kein Aufgeld und bekommen Dividenden. Herrscht jedoch Pessimismus an der Börse, dann notieren die Scheine oft sogar mit geringem Abgeld. Dann sind sie der einfachste Weg, besser abzuschneiden als der Durchschnittsindex – natürlich nur, wenn es aufwärts geht.

3. KAPITEL

BÖRSENGEWINNE DURCH BILANZ-
UND FUNDAMENTALANALYSE?

1. Fundamentalanalyse

Es erscheint einleuchtend, daß eine Aktie nur so gut sein kann
wie die Gesellschaft, deren Namen sie trägt. Denn die Aktie ist
ja ein Anteilschein und hat nur dann einen Nutzen, wenn das
betreffende Unternehmen Gewinne erwirtschaftet und Dividenden auszahlen kann. Infolgedessen meinen Börsenneulinge häufig, daß der Erfolg an der Börse von umfangreichen betriebswirtschaftlichen Analysen abhänge. Unter Fundamentalanalyse
versteht man die genaue Erforschung des Marktes, an dem ein
Unternehmen tätig ist. Dazu gehören zum Beispiel Untersu-
chungen über mögliche Produktprogramme sowie über die Zukunft und das Wachstum der gesamten Branche.

Zu unterscheiden wäre davon die Bilanzanalyse, die versucht,
auf Grund der Bilanz, die jedes Aktienunternehmen jährlich veröffentlichen muß, Anhaltspunkte für eine angemessene Einschätzung der Gesellschaft und ihrer zukünftigen Gewinne herauszufinden. Viel beachtet wird der Gewinn pro Aktie; das ist der
Bilanzgewinn, geteilt durch die Zahl der ausgegebenen Aktien.
Erfahrene Analysten versuchen sogar, nicht nur den ausgewiesenen Gewinn des Unternehmens, sondern auch die zahlreichen, in
der Bilanz oft nur mühsam verborgenen, versteckten Gewinne zu
ermitteln. Es wird auch behauptet, die Höhe des ausgewiesenen
Gewinns sei völlig unwichtig; auf den »Cash-flow« komme es an,
der auch die Abschreibungen berücksichtige.

Der Einfachheit halber fasse ich im folgenden mit dem Begriff Fundamentalanalyse alle Methoden zusammen, die durch betriebswirtschaftliche Analyse einer Gesellschaft oder ihrer Branche etwas über die künftige Kursentwicklung des Unternehmens auszusagen versuchen. Die Bilanzanalyse beziehe ich hier mit ein.

Nicht nur Börsenneulinge überschätzen den Wert der Fundamentalanalyse gewaltig, sondern gerade auch Betriebswirtschaftler. Sie übersehen, daß günstige und ungünstige fundamentale Tatsachen meist von der Börse sehr rasch geahnt und berücksichtigt werden, in der Regel *vor* der Veröffentlichung der entsprechenden Nachrichten. Zwar weisen die Fundamentalanalysten mit Recht darauf hin, daß die Börse auch in zahlreichen Fällen erstaunlich spät oder überhaupt nicht auf fundamentale Erkenntnisse reagiert – einfach deshalb, weil gerade andere Erwartungen und Befürchtungen für die Börse den Vorrang haben. So wurde zum Beispiel in den Jahren 1996 und 1997, einer Zeit des Börsenhochs in Deutschland, viel zu wenig auf die warnenden Stimmen gehört, die auf die katastrophale Situation an den Immobilienmärkten in Hongkong, China, Korea und Thailand aufmerksam machten. Am 13. März 1997 schrieb Peter Seidlitz im *Handelsblatt* von einer »bedrohlichen Spekulationswelle«, die Banken und Börsen gefährde. Fast einhundert thailändische Finanzgesellschaften seien in der Liquiditätsklemme. Drohende Finanzzusammenbrüche in Fernost würden weltweit empfindlich spürbar werden.

Niemand schien dies in den USA und Europa zu interessieren; mit immer schnelleren Sprüngen erreichten die Kurse immer schwindelerregendere Höhen. Erst im August 1997 begannen die Kurse auch in den großen Industrieländern nachzugeben; crashartig entlud sich dies dann am 28. Oktober 1997. Plötzlich war das Vertrauen dahin; die Fundamentalisten bekamen mit Verspätung recht.

Vermutlich haben es sich zahlreiche Anleger zur Gewohnheit gemacht, auf Nachrichten über einen Markt, eine Branche oder Gewinne einer Aktiengesellschaft nur noch insofern zu achten, als sie sich sagen: »Wenn solche Nachrichten den Kurs nicht bewegen können, dann kann es jetzt nur noch in die Gegenrichtung gehen«. Eben weil die Börse auf die schlechten Nachrichten aus Asien nicht mit Kursverlusten reagierte, fühlte man sich besonders zu Käufen ermutigt. Da es aber offenbar sehr viele sind, die nur dem Trend, nicht aber den Nachrichten folgen, kommt es bei Neubewertungen von Nachrichten oftmals zu einer abrupten Wende an den Weltbörsen. Aber es bleibt dabei, daß es sich hier um Ausnahmefälle handelt. In der Regel sind sowohl positive wie auch negative Nachrichten in den Kursen enthalten.

Wie wenig die Börsenbewertung oft den betriebswirtschaftlichen Analysen entspricht, läßt sich sehr schön an einem Beispiel aus den siebziger und achtziger Jahren verdeutlichen. Die Aktie des Pharma-Herstellers Schering fiel von einem Kurs von etwa 400 (Mitte 1975) bis auf 170 (März 1980) und stieg anschließend wieder bis 650 (November 1985). Wer diese Kurse sieht, sollte meinen, in der Zwischenzeit müsse es doch einmal ganz schlecht um das Unternehmen bestellt gewesen sein. Nichts dergleichen! Schering hat in all den Jahren, auch als die Kurse niedrig waren, immer dieselbe Dividende gezahlt, nämlich zehn DM, zuletzt erhöht auf zwölf DM. Mit Fundamentalanalyse kommt man solchen Kurssprüngen nicht auf die Spur, sie bleiben irrational. Ein Anleger will jedoch an der Börse Kursgewinne erzielen; ihn interessiert wenig, ob sich nach Jahren herausstellt, die oder jene Bilanzanalyse sei schließlich doch zutreffend gewesen, wenn er inzwischen in ganz anderen Aktien engagiert ist.

2. Das Kurs-Gewinn-Verhältnis

Wer der Fundamentalanalyse vertraut, möchte gern klare Richtlinien und einen schnellen Überblick, ob der Kurs einer Aktiengesellschaft eher als zu hoch oder als zu niedrig einzuschätzen ist. Deshalb veröffentlichen viele Börsenberater und Börsenzeitschriften das sogenannte Kurs-Gewinn-Verhältnis. Es errechnet sich aus dem Aktienkurs, geteilt durch den Gewinn pro Aktie. Je niedriger diese Zahl ist, desto mehr müßte die Aktie steigen, um auf ein angemessenes Kurs-Gewinn-Verhältnis zu kommen. Was nun angemessen ist, hängt natürlich nicht nur vom augenblicklichen Gewinn ab, sondern auch davon, welche Zukunftsaussichten der betreffenden Branche eingeräumt werden. Schließlich kommt es auch auf die Höhe der Zinsen an. Bei einer Rendite von fünf Prozent auf fünfjährige Anleihen wäre ein durchschnittliches Kurs-Gewinn-Verhältnis von 20 eine faire Bewertung. Das hieße, daß eine Aktiengesellschaft, die pro Aktie in den nächsten fünf Jahren zum Beispiel drei Euro im Jahr verdient, mit sechzig Euro notieren dürfte, damit der Anleger mit ihr dasselbe verdient wie mit einer Fünfprozentanleihe auf fünf Jahre.

Ich bin mir nicht sicher, ob es dem Anleger eher nützt oder eher schadet, wenn er das Kurs-Gewinn-Verhältnis kennt. Sicher, einerseits wäre es vielen Anlegern nützlich, sich einmal zu überlegen, ob es ratsam sein kann, sogenannte Wachstumsaktien im Computerbereich mit einem Kurs-Gewinn-Verhältnis von 80 zu kaufen. Wie kann ein Computerunternehmen wie Dell einen höheren Gesamtwert aller ausgegebenen Aktien aufweisen als zum Beispiel General Motors? Stimmt da die Bewertung noch?

Schon Anfang der siebziger Jahre hätten solche Überlegungen manchem »Wachstumsfetischisten« Riesenverluste erspart, als unrealistische Erwartungen wie eine Seifenblase zerplatzten und Großcomputer-Hersteller wie Control Data von Kursen über 130 auf 20 Dollar zurückfielen, ohne daß sich an der Gewinnsituation solcher Unternehmen viel geändert hätte. Man war nur wieder auf dem Boden der Tatsachen angelangt.

Andererseits besagt das Kurs-Gewinn-Verhältnis nur wenig über die *künftigen* Gewinne der Gesellschaft. Der Gewinn pro Aktie ist schon überholt, wenn er veröffentlicht wird; die Börse nimmt die Gewinne, die in den folgenden Jahren zu erwarten sind, voraus. Deshalb verliert derjenige, der das augenblickliche Kurs-Gewinn-Verhältnis kennt, ein Stück Unbefangenheit.

Man hat versucht, diesen Faktor zu berücksichtigen, indem man eine Faustregel entwickelte: Das Kurs-Gewinn-Verhältnis dürfe so hoch sein wie das jährliche Gewinnwachstum. Verdiene ein Unternehmen jährlich stets achtzig Prozent mehr, dann dürfe sie durchaus mit dem achtzigfachen Gewinn pro Aktie für das laufende Jahr bewertet werden. Aber wie lange ein Unternehmen solche Gewinnsteigerungen erzielen kann, darüber gibt es höchst unterschiedliche Meinungen. Man müßte schon den durchschnittlichen Gewinn der kommenden fünf Jahre schätzen, um einen objektiven Maßstab für die Börsenbewertung zu erhalten. Das aber überfordert die Fundamentalanalyse; von vergleichbaren Kurs-Gewinn-Verhältnissen kann hier wohl kaum noch gesprochen werden.

Um die Problematik von Kurs-Gewinn-Verhältnissen kennenzulernen, greife ich einmal ein willkürlich gewähltes Beispiel aus den letzten zehn Jahren heraus. Ende 1990 hatte es ein weltweites Kaufsignal gegeben. Welche im DAX enthaltenen Aktien waren kaufenswert? Die Bilanzen von 1990 waren noch nicht veröffentlicht, aber es lagen bereits zuverlässige Schätzungen vor. Man sollte erwarten, daß die Aktien, die das niedrigste Kurs-Gewinn-Verhältnis aufwiesen, nun im folgenden Jahr am besten abschnitten. Aus der rechten Spalte, wo das tatsächliche Kurs-Plus (oder Minus) jeder Aktie im folgenden Jahr angegeben ist, geht jedoch hervor, daß das Kurs-Gewinn-Verhältnis wenig zählte (siehe Tabelle nächste Seite):

Wer hier auf die fünf Aktien mit dem niedrigsten KGV gesetzt hätte, wäre in diesem Beispiel nicht einmal so schlecht gefahren. Aber Bayer und BMW haben nicht wegen ihres am Jahresende 1990 niedrigen KGV im folgenden Jahr so gut abgeschnitten, sondern weil sich die Schätzungen für 1991/92 verbessert hatten. Offenkundig kommt es also weniger auf die aktuellen Gewinne an als vielmehr darauf, ob sich an der Gewinnschätzung für die kommenden Jahre etwas zum Positiven oder Negativen ändert. Nur so ist zu erklären, daß ein Verlustunternehmen wie Lufthansa zum Renner des Jahres 1991 wurde. Und dies übrigens zu Unrecht; die hochfliegenden Erwartungen wurden wieder korri-

Aktie	Kurs Ende Dez. 1990	Gewinn pro Aktie 1990	KGV	Kursverlauf bis Ende 1991
Thyssen	185,0	31,0	6,0	+ 8,2 %
Bayer	214,6	30,0	7,2	+ 29,4 %
BMW	387,0	51,0	7,6	+ 22,4 %
Hoechst	208,0	27,0	7,7	+ 6,7 %
Preussag	266,0	33,0	8,1	+ 15,1 %
BASF	195,0	24,0	8,1	+ 12,6 %
VW	334,3	36,0	9,3	− 9,7 %
Bay. Hypobank	305,0	31,0	9,8	+ 24,6 %
VEBA	296,0	28,0	10,6	+ 20,5 %
Bay.Vereinsbk.	323,0	30,0	10,8	+ 24,8 %
Degussa	290,5	26,0	11,2	− 2,2 %
Viag	339,0	29,7	11,4	+ 4,5 %
Daimler	550,0	47,9	11,5	+ 35,2 %
Mannesmann	262,0	22,0	11,9	− 6,3 %
Commerzbank	229,1	19,0	12,1	+ 8,0 %
MAN	352,0	26,0	13,5	− 3,3 %
Deutsche Bank	596,2	43,0	13,9	+ 12,3 %
Siemens	584,9	42,0	13,9	+ 6,6 %
Metallges.	428,0	30,0	14,3	− 10,0 %
Dresdner Bank	346,0	24,0	14,4	− 5,8 %
RWE	371,2	25,0	14,8	+ 3,4 %
Henkel	504,0	32,0	15,8	+ 2,8 %
Karstadt	595,0	36,5	16,3	+ 5,9 %
Schering	699,8	42,0	16,7	+ 9,4 %
Linde	780,0	42,0	18,6	− 12,3 %
Continental	207,5	11,0	18,9	− 0,2 %
Kaufhof	455,0	18,0	25,3	− 4,6 %
Allianz	2047,0	54,0	37,9	+ 2,0 %
Dtsch. Babcock	138,5	0,0	−	− 0,4 %
Lufthansa	112,0	0,0	−	+ 42,9 %

giert. 1992 verlor der Lufthansa-Kurs überdurchschnittlich, während dieselbe Aktie 1993 aufgrund neuer Schätzungen abermals Top-Favorit wurde.

Aber wer nun meint, man könnte doch nun ganz einfach

Kurs-Gewinn-Verhältnisse auf »erwartete Gewinne« beziehen, täuscht sich. Künftige Gewinne kennt man nicht mit genügender Sicherheit; bald jede Bank, bald jeder Börsenberatungsdienst geben unterschiedliche Gewinnerwartungen für die kommenden Jahre an.

Für den Kleinanleger ist es am besten, nicht so sehr auf Unternehmensnachrichten und -analysen zu achten, sondern zu schauen, wie sich die Kursentwicklung einer Aktie an der Börse gestaltet. Nicht was die Großanleger *sagen*, ist wichtig, sondern was sie *tun*.

Besonderes Mißtrauen ist angebracht, wenn eine Aktie allseits gelobt wird und der Kurs sich dennoch kaum bewegt.

In einem solchen Fall sind nicht nur die guten Nachrichten und Erwartungen längst in den Kursen drin, sondern man muß sogar den Verdacht bekommen, die Aktie werde deshalb so hochgelobt, weil interessierte Großanleger bereits wieder günstig verkaufen möchten.

3. Die Analyse der Auftragseingänge

Allmonatlich veröffentlicht das deutsche Statistische Bundesamt die Summe aller Auftragseingänge im verarbeitenden Gewerbe, und zwar sowohl die Gesamtsumme als auch aufgeschlüsselt nach Inlands- und Auslandsaufträgen sowie nach Grundstoff-, Investitionsgüter- und Konsumgüterindustrie. Da es sich um Aufträge handelt, wird hier wie bei den Aktienkursen die wirtschaftliche Zukunft vorweggenommen, und man erkennt frühzeitig, wie sich die Konjunktur entwickelt.

Da die Aufträge natürlich Saisonschwankungen unterworfen sind, die nicht von der jeweiligen Konjunktur abhängen, hat es sich als zweckmäßig erwiesen, einfach die Summe der Auftragseingänge eines Monats mit dem Ergebnis desselben Vorjahresmonats zu vergleichen und den Unterschied in Prozent anzugeben.

Abbildung 8 läßt die verblüffende Ähnlichkeit der Auftragseingangskurve und der Kurve des Aktienindex von 1963–1976 erkennen. Liegt hier der Schlüssel für Gewinne an der Börse? Muß man nur noch die Auftragseingänge beachten, damit sich die Erfolge beim Kauf und Verkauf von Aktien einstellen?

Leider sind die Auftragseingangskurven nur sehr bedingt hilfreich. Die Schwierigkeiten sind folgende:

1. Die Statistik der Auftragseingänge wird immer erst mit gut einem Monat Verspätung veröffentlicht; die Januar-Zahlen erhalten Sie zum Beispiel erst Anfang März.
2. Seit 1970 hat die Aktienkurve immer etwas Vorlauf auf die Auftragseingangskurve gehabt. Wie Sie Abbildung 9 entnehmen können, laufen die beiden Kurven seit 1977 immer häufiger völlig auseinander. Der scharfe Einbruch bei den Auftragseingängen im Sommer 1977 interessierte die Börse ebensowenig wie die hohen Auftragseingänge 1979.

Ich habe seit 1984 darauf verzichtet, mir Charts der Auftragseingänge zu erstellen; es hat sich seither nichts geändert. Als Faustregel gilt: Wenn die Auftragseingänge sehr niedrig sind, etwa bei minus zehn Prozent im Vergleich zum Vorjahresmonat, dann sollte man nicht erst auf bessere Zahlen warten, sondern bereits einsteigen, vorausgesetzt, Bundesregierung oder Bundesbank tun etwas für die Konjunktur, zum Beispiel durch eine Zinssenkung (siehe Kapitel 4) oder durch steuerliche Anreize, Investitionshilfen u.ä. (sofern der Staat überhaupt Geld hat). In der Tat waren in den letzten 30 Jahren solche Zeitpunkte ideale Kaufgelegenheiten an der Börse, so 1967, 1974, 1982 und 1992. Andererseits hätte man mit dieser Methode nicht jeden Börsenaufschwung erfaßt; das gilt zum Beispiel für 1972 oder 1977. Auch der Zeitpunkt zum Ausstieg läßt sich aus den Auftragseingängen nicht rechtzeitig ablesen, zum Beispiel vor dem Crash im Oktober 1978.

Dazu kommt noch das Problem, daß wir durch Zeitungen und Börsenzeitschriften nur sehr vereinzelt über die Auftragseingänge anderer Staaten unterrichtet werden. Wir können und wollen

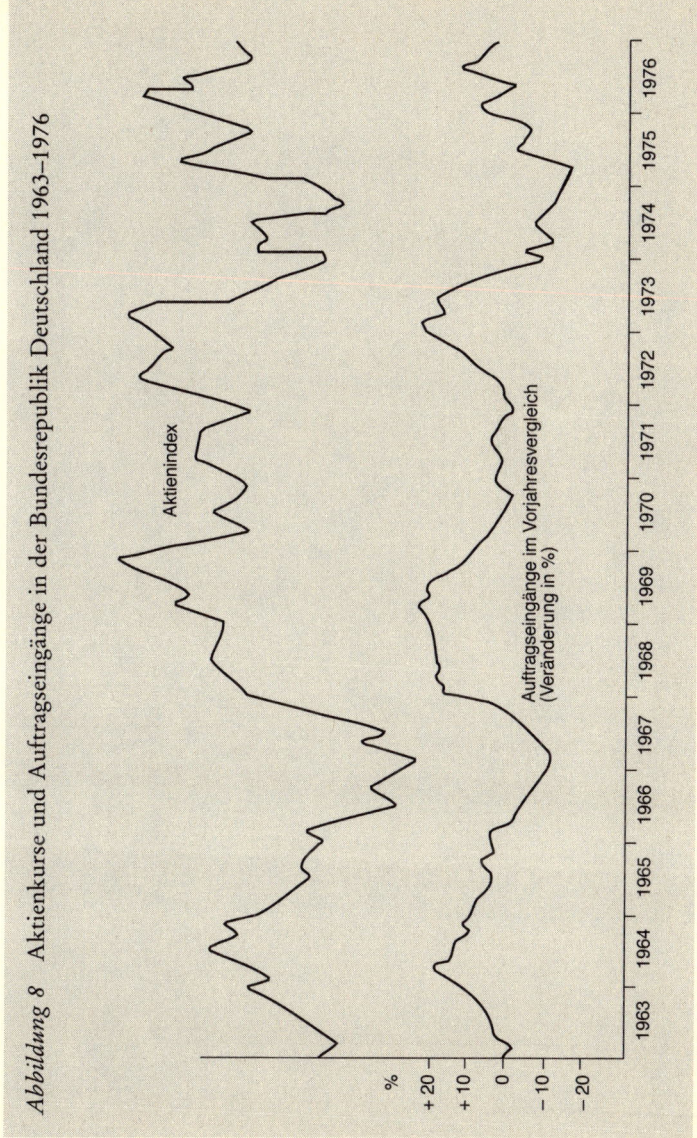

Abbildung 8 Aktienkurse und Auftragseingänge in der Bundesrepublik Deutschland 1963–1976

Aktienindex

Auftragseingänge im Vorjahresvergleich (Veränderung in %)

%
+ 20
+ 10
0
– 10
– 20

1963 1964 1965 1966 1967 1968 1969 1970 1971 1972 1973 1974 1975 1976

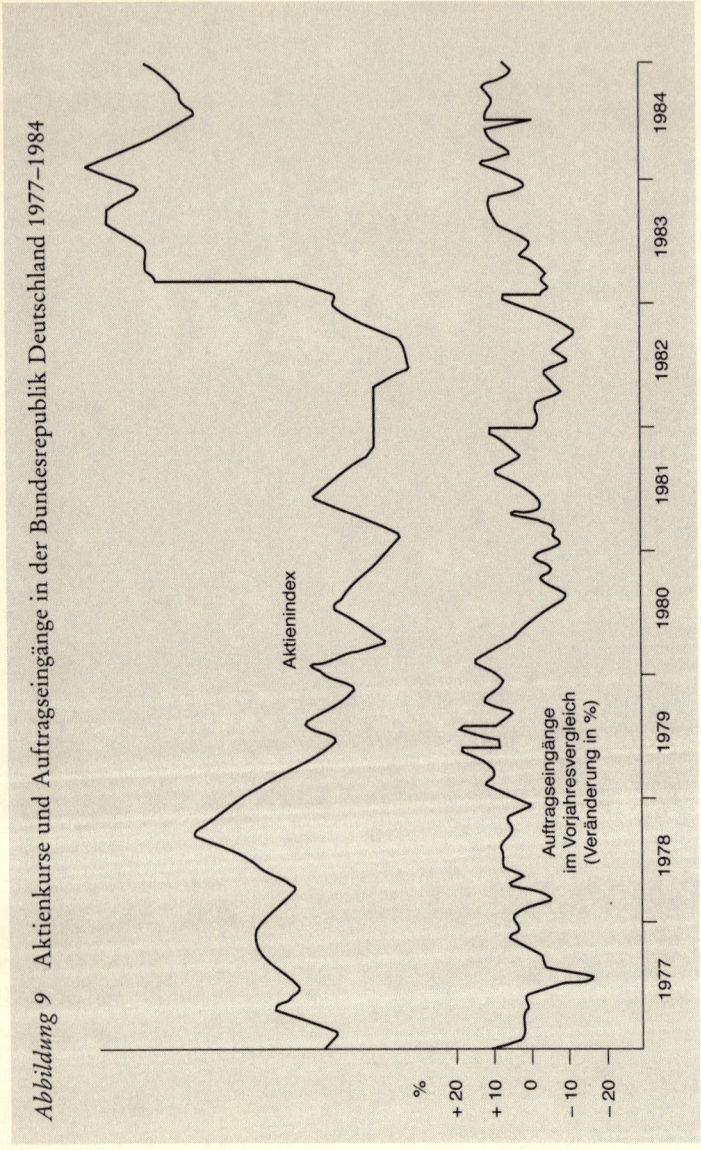

Abbildung 9 Aktienkurse und Auftragseingänge in der Bundesrepublik Deutschland 1977–1984

ja stets Aktien der Länder kaufen, in denen gerade die besten
Aussichten für Aktien bestehen. Da nützt uns die Kenntnis allein
der inländischen Auftragseingänge nur sehr wenig. Auftragseingänge sind zur Aktienprognose also nur bedingt tauglich.

4. Die Fundamentalanalysten und ihre Prognosen

Ich staune immer wieder, wie erfahrene Börsenberater die
Aktienmärkte unter vorwiegend fundamentalen, betriebswirtschaftlichen Gesichtspunkten betrachten und wie wenig sie von
der Volkswirtschaft, von Konjunkturzyklen her denken. Gerade
dies wäre aber bei Aktienprognosen dringend nötig. Solche Berater sind in der Aktienhausse Optimisten, begreifen nicht, daß
es gerade in der schönsten Konjunktur abwärts geht, wollen
dann den Trend nach unten nicht wahrhaben und prophezeien
bei jeder vorübergehenden Besserung, jetzt gehe es ja endlich
wieder aufwärts, jetzt besinne sich die Börse endlich auf die fundamentalen Daten.

Als sich die Börse 1979 während der zweiten Ölkrise, die
durch den Machtwechsel im Iran ausgelöst wurde, in der Baisse
befand und die Abwärtsbewegung eine kleine Pause einlegte,
sprach ein Börsenbrief bereits wieder von einem »ersten Silber-
streif an der deutschen Börse«. Und weiter hieß es optimistisch:
»Jetzt wird wieder Geld verdient; Ausländer stehen ante portas!«
Und schließlich wurde unter anderem VW empfohlen als angeb-
licher »Nutznießer der amerikanischen Energiekrise«. VW notierte damals um 200 DM. Das war dem betreffenden Börsenbrief »zu niedrig«. Bis 1982 war die Aktie auf 120 DM gefallen!
Die Börse hatte sich nämlich nicht auf die fundamentalen Daten
der Gegenwart, sondern auf die kommende Wirtschaftskrise be-
sonnen und sich konsequent abwärts bewegt.

Als die Kurse dann tief waren (BMW notierte 1980 beispielsweise bei 140 DM), hörte man von den Fundamentalisten keine
lauten Empfehlungen mehr. Unter vielen Wenn und Aber und

»unter langfristigen Gesichtspunkten« wurden vereinzelt Hinweise gegeben, die mit Mühe als Kaufempfehlungen zu verstehen waren. Anfang 1984, als BMW zum Beispiel über 400 DM kostete – und dann prompt um 20 Prozent fiel –, sowie im Herbst 1985, als diese Aktie erneut bis 700 DM gestiegen war, empfahl man sie dem ahnungslosen Kleinanleger zu Nachkriegshöchstkursen. Auch schämen sich solche Berater nicht, Aktien »aufgrund der hervorragenden Bilanz des Vorjahres« zu empfehlen.

Unvergeßlich bleibt mir der Fall Conti-Gummi. Die Aktie des Reifenunternehmens war Anfang der siebziger Jahre ständig gefallen, weil das Unternehmen gegenüber der französischen Konkurrenz Michelin in Rückstand geraten war. Im Vertrauen auf den neuen Manager an der Spitze (Carl Hahn) und im Zug der Hausse 1975 hatte sich der Kurs mit einem Anstieg von 50 auf 115 DM mehr als verdoppelt. Nun, im Februar 1976, entdeckten die Fundamentalisten das Papier. Eine angesehene große Tageszeitung, eine Börsenzeitschrift und mehrere Börsenbriefe rühmten die »knallharten amerikanischen Methoden«, mit denen Hahn das Unternehmen »auf Vordermann« bringe. Spätestens im nächsten Jahr würden wieder »ordentliche Gewinne« erzielt, die Dividendenzahlungen wieder aufgenommen. Außerdem stehe eine große deutsche Reifenfusion der Unternehmen Conti und Phoenix bevor. So weit die Empfehlungen Februar 1976.

Selbst wenn all dies gestimmt hätte, wäre dem durch die vorhergehende Kursverdoppelung sicher genügend Rechnung getragen gewesen. Zunächst begann die Aktie im Mai 1976 bis 90 DM zu fallen. Monatelang äußerten sich die Empfehler nicht mehr. Dann, Ende August, erholte sich die Aktie auf 97 DM, woraufhin dieselben Experten ihre Empfehlung vom Februar mit denselben Argumenten erneuerten. Da traf nun die Nachricht ein, das Unternehmen mache immer noch Verlust, es werde aber langsam besser. Plötzlich merkten die Anleger, daß angesichts solcher Aussichten der Kurs viel zu hoch war; bis Ende Oktober fiel die Aktie auf 70 DM zurück. Die erwähnte Börsen-

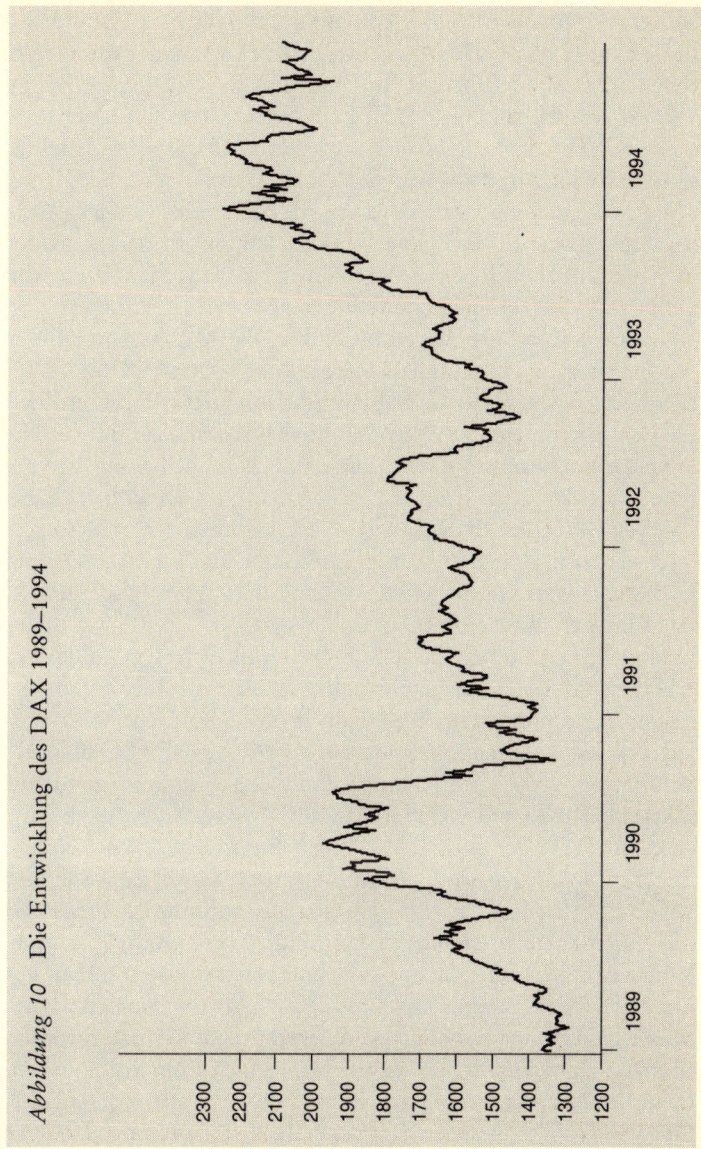

Abbildung 10 Die Entwicklung des DAX 1989–1994

zeitschrift sprach nun eine Verkaufsempfehlung aus. Die Aktie fiel weiter bis 60 DM, schwankte in den folgenden Jahren zwischen 60 und 85 DM hin und her und landete in der Baisse 1979/80 schließlich bei 40 DM. Erst 1982/83 kam das Unternehmen wirklich aus seinen Schwierigkeiten heraus und konnte seinen Kurs verdreifachen.

Es gibt Fundamentalanalysten, die auf ihrem Gebiet große Künstler sind. So hatte etwa Peter Lynch, der in den achtziger und neunziger Jahren einen großen US-Fonds verwaltete, die Gabe, gewinnträchtige Unternehmen von solchen zu unterscheiden, deren Stern im Sinken begriffen war. Mittels sorgfältiger Analyse war er sehr häufig in Unternehmen investiert, die unterbewertet waren, als er sie kaufte, und anschließend die größten Gewinnfortschritte erzielten. Wie er aber selbst bekannte, machte er dennoch immer wieder auch eine angeblich unvorhersehbare Baisse wie den Crash 1987 einfach mit. Er sah wohl, daß der Zinsverlauf große Bedeutung für die allgemeine Kursentwicklung haben müsse, meinte aber, diese ohnehin nicht rechtzeitig vorhersagen zu können. Das ist Kapitulation am falschen Ort, wie wir noch feststellen werden.

Manche Fundamentalanalysten haben als Depotverwalter ihre Kunden schon schwer geschädigt. Aus meinem Bekanntenkreis bekam ich Einblick in einen Fall, in dem der Depotverwalter einer deutschen Großbank im Jahre 1990, beseelt vom Wiedervereinigungsoptimismus, ein Kundendepot überwiegend mit Aktien bestückt hatte. Daß im August 1990 sehr rasch eine Baisse eintrat, die er nicht vorhergesehen hatte, war verzeihlich, wenn er wenigstens die Aktien einfach im Depot belassen und abgewartet hätte. Aber nach dem Kurssturz bekam er Angst, als die ersten schlechten Wirtschaftsnachrichten eintrafen. Er verkaufte einen Großteil der Aktien und versuchte sein Glück mit riskanten Nebenwerten, was fehlschlug. Als die deutsche Wirtschaft 1993 in eine Rezession geriet, setzte er auf Baisse-Spekulationen an der Deutschen Terminbörse. Dies ging völlig schief, denn Rezessionsjahre sind ja bekanntlich die besten Börsenjahre. So gelang es ihm, was gar nicht so einfach war, im Jahre 1993, als der DAX vierzig Prozent zulegte (!), einen *Verlust* zu erzielen. Der Verwalter war selbst sehr betroffen über sein Ergebnis, hatte er doch nichts anderes getan, als was er wohl immer gelernt hatte: Wenn es der Wirtschaft gut geht, kaufe Aktien, wenn es ihr schlecht geht, setze auf Baisse. Aber das Gegenteil ist meist richtig!

Achten Sie daher immer auf die Argumente, mit denen eine Aktie empfohlen wird! Prüfen Sie, ob die angeblich so günstigen fundamentalen Daten nicht schon längst im Kurs enthalten sind. Kaufen Sie nie eine Aktie, wenn nicht gleichzeitig ein *allgemeiner* Börsenaufschwung zu erwarten ist. Darüber, wann dies der Fall ist, entscheidet vor allem die Zinssituation, um die es im folgenden Kapitel geht.

4. KAPITEL

DIE ZINSEN MACHEN DIE KURSE

1. Die Zentralbank und ihre Instrumente

Die Zentralbank (in den USA die Federal Reserve Bank, in Deutschland die Deutsche Bundesbank, in Euroland seit 1999 die Europäische Zentralbank) versteht sich in erster Linie als Hüterin der Währung, in zweiter Linie sorgt sie für den nötigen Geldfluß zur Stützung der Konjunktur. Besteht Gefahr, daß die Preise zu stark steigen, wird die Zentralbank bremsen, den Geldhahn zudrehen, wie man sagt. Besteht Gefahr, daß eine Wirtschaftskrise bevorsteht, weil die Auftragseingänge bedenklich gesunken sind, dann wird die Zentralbank wieder Geld in den Markt pumpen und die Banken (und damit die Wirtschaft insgesamt) mit billigerem Geld versorgen – immer vorausgesetzt, die Gefahr von Preissteigerungen besteht nicht mehr.

Wie gehen die Zentralbanken dabei vor?

a) Bremsmanöver

– Erhöhung des Diskontsatzes (Zinssatz, zu dem die Banken bei der Zentralbank Wechsel einlösen können), um allgemein die Zinsen zu erhöhen;
– Erhöhung des Lombardsatzes (Zinssatz, zu dem Banken sich gegen Verpfändung von Wertpapieren Geld beschaffen können); damit wird ein Druck in Richtung auf höhere Zinsen wie auch in Richtung »Geldverknappung« ausgeübt;
– Verkauf von Anleihen, Schatzbriefen und Schuldverschreibungen am »offenen Markt« – eine im Gegensatz zu den vori-

gen Maßnahmen »geräuschlose« Methode, der Wirtschaft Geld zu entziehen.

Die Zentralbanken können durch diese Bremsmanöver über die Banken die Geldmenge steuern. Bei Bremsmanövern wird die Geldmenge verknappt. Damit erreichen sie, daß weniger Schulden gemacht werden, daß das Geld teurer wird – denn die Banken werden nunmehr Geld nur noch gegen höhere Zinsen verleihen.

b) Ankurbelungsmanöver

- Senkung des Diskontsatzes
- Senkung des Lombardsatzes
- Käufe von Anleihen, Schatzbriefen und Schuldverschreibungen am »offenen Markt«.

Wer sich beispielsweise am Diskontsatz orientierte und dabei auf Diskontsenkungen nicht nur seitens der Deutschen Bundesbank, sondern auch auf Seiten der US-Federal Reserve Bank achtete, bekam in den letzten vierzig Jahren vor allem zum *Einstieg* in die Aktienmärkte optimale Signale. Besonders von 1965 bis 1984 konnte man beim Aktienkauf fast blind auf die Maßnahmen der Zentralbanken reagieren; die Abbildungen 11 und 12 zeigen diesen Einfluß sehr deutlich.

Die Zentralbanken steuern besonders seit Mitte der achtziger Jahre die Geldmenge mehr über »Offenmarkt-Geschäfte« (Kauf und Verkauf von Papieren am offenen Markt, sogenannte Wertpapier-Pensionsgeschäfte). Das geht unauffälliger als lärmende Signale wie Diskont- und Lombardänderungen zu geben, und es hat ebenfalls meist die gewünschte Wirkung. Der Diskontsatz verliert unter solchen Voraussetzungen an Bedeutung und wird heute oft nur nachträglich der schon vorhandenen Zinssituation angepaßt.

Wichtig ist, daß die Zentralbanken die Zinssätze auch zur Sicherung der *Währungsstabilität* einsetzen, was in den siebziger

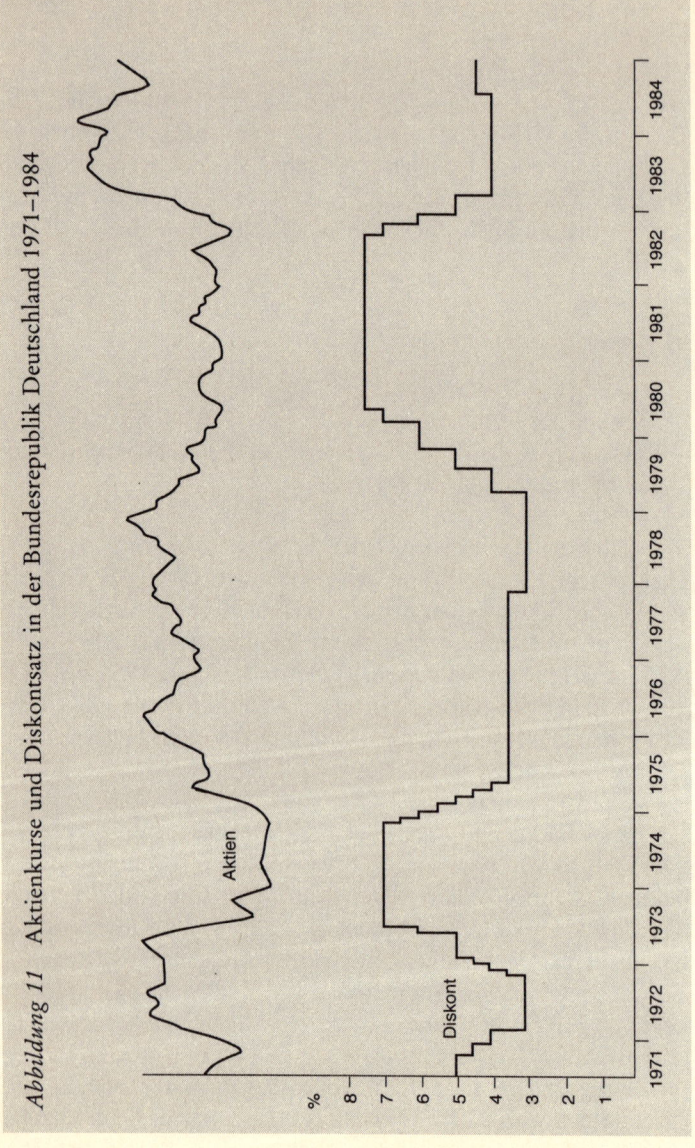

Abbildung 11 Aktienkurse und Diskontsatz in der Bundesrepublik Deutschland 1971–1984

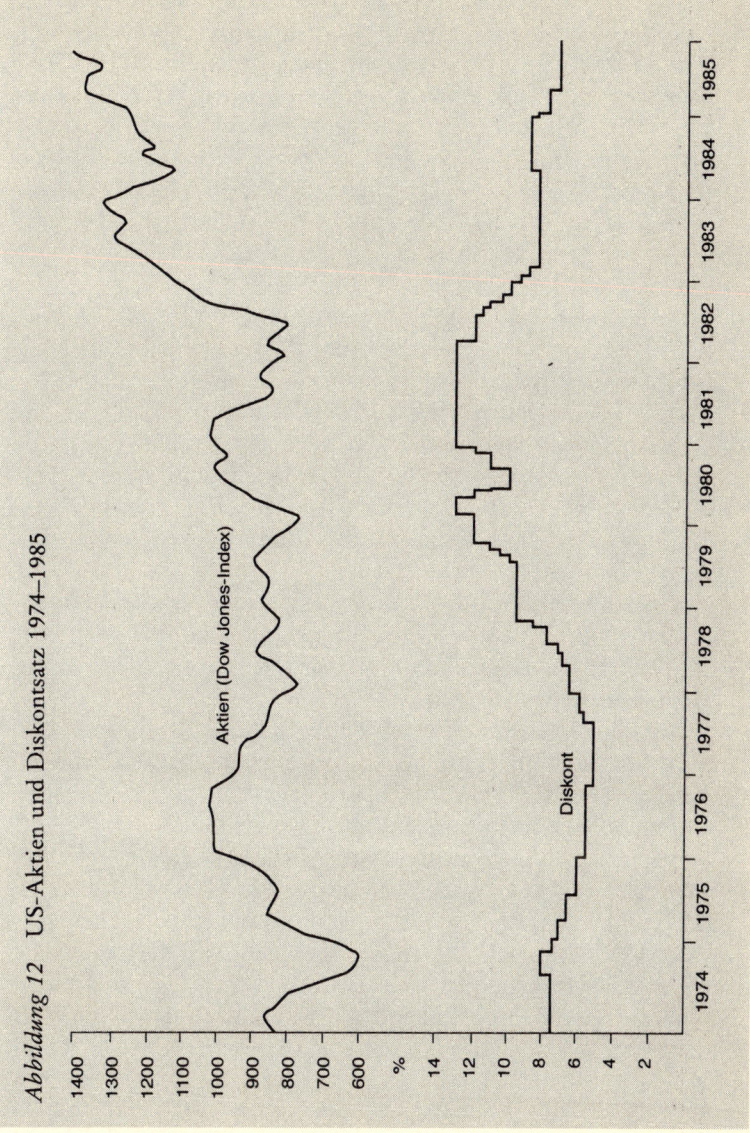

Abbildung 12 US-Aktien und Diskontsatz 1974–1985

Jahren angesichts des damals schwachen US-Dollars meist erforderlich war, der auf diese Weise unterstützt wurde. In der ersten Hälfte der achtziger Jahre kehrte sich die Situation um: Die Diskont- und Lombarderhöhungen der Deutschen Bundesbank in den Jahren 1984 und 1985 waren beispielsweise kein Zeichen für eine straffere Geldpolitik, sondern gegen den starken Dollar gerichtet und sollten die D-Mark attraktiver machen. Dies löst das Rätsel, warum die Aktien in Deutschland im Jahre 1985 so kräftig stiegen, obwohl kein sichtbares Zentralbanksignal in Richtung auf eine »lockere Geldpolitik« erfolgt war.

Im September 1987 gab auch nur die US-Zentralbank mit einer Diskonterhöhung ein Warnsignal. Die Deutsche Bundesbank erhöhte ihre Leitzinsen nicht, um den Dollarkurs nicht weiter zu schwächen. Wer vor dem Ausstieg aus Aktien in Deutschland im Herbst 1987 noch auf ein Bundesbanksignal wartete, geriet voll in den Crash hinein. Zum Einstieg in den Aktienmarkt nach dem Crash kam dann jedoch eine erneute Senkung des deutschen Diskontsatzes zum Jahresende 1987 als Signal gerade recht.

Mit der erstmaligen Diskontsatzsenkung im September 1992 nach vier Jahren, in denen die Leitzinsen nur erhöht worden waren, läutete die Deutsche Bundesbank wiederum die kräftige Hausse des Jahres 1993 ein.

Künftig bestimmt in Europa die *Europäische Zentralbank* die Geldmengenpolitik einheitlich für den gesamten Eurowährungsbereich. Die Kompetenzen, Instrumente und Bezeichnungen sind dann nicht mehr ganz dieselben, wie sie für die Zentralbanken einzelner Staaten galten. Statt »Diskont« und »Lombard« wird man künftig nur noch von den »Leitzinsen« sprechen, die im gesamten Währungsbereich des Euro dann als Vorgabe die Zinshöhe bestimmen. Wichtig ist aber, daß auch die neue Zentralbank unabhängig von Weisungen der Landesregierungen die Maßnahmen durchführen kann, die der Stabilität des Euro dienlich sind.

2. Der Geldmarkt

Wenn nun die Zentralbanken eher im Stillen die Geldmenge steuern, und wenn bestimmte Maßnahmen gar nur der Stabilität einzelner Währungskurse dienen sollen: Wie kann der Anleger nun erkennen, welche Geldpolitik betrieben wird? Diskont- und Lombardsätze sind griffige Zahlen. Woran soll man sich sonst halten?

Es ist ganz einfach: Achten Sie auf den sogenannten *Euro-Geldmarkt*, an dem sich die Banken gegenseitig Geld leihen! Am Geldmarkt unterscheidet man Tagesgelder, Monatsgelder, Dreimonatsgelder, Halbjahresgelder und Jahresgelder. Am zweckmäßigsten ist es, die Zinssätze für Dreimonatsgelder zu verfolgen. Da schlägt eine Trendwende der Zinsrichtung schnell durch und ist doch nicht so zufälligen Schwankungen unterworfen wie die Zinsen der Tagesgelder. An den Geldmarktzinsen (Abb. 13–14) können Sie sofort ablesen, ob und wie eine Maßnahme der Zentralbank gewirkt hat und wie sie gemeint war. Außerdem zeigt der Geldmarkt auch die geräuschlosen Zentralbankmaßnahmen sofort an.

Sie finden diese sogenannten »kurzfristigen« Zinsen in jeder Tageszeitung mit ausführlichem Wirtschaftsteil. Da sieht das beispielsweise so aus:

Euro-Geldmarktsätze unter Banken (in Prozent)

13.1.97	1 Monat	2 Monate	3 Monate	6 Monate	12 Monate
$	5,31-5,44	-	5,44-5,56	-	5,81-5,94
£	6,12-6,19	-	6,31-6,37	-	6,81-6,87
DM	3,00-3,12	-	3,00-3,12	-	3,12-3,25
sfr	1,56-1,69	-	1,69-1,81	-	1,81-1,94

Am »Euro-Geldmarkt« können Sie ablesen, zu welchen Zinssätzen US-Dollar, Britisches Pfund, D-Mark (bzw. künftig der Euro), Schweizer Franken und andere wichtige Währungen zur Zeit gehandelt werden. Wenn eine Zentralbank befürchtet, ihre Währung könnte im internationalen Vergleich zu schwach wer-

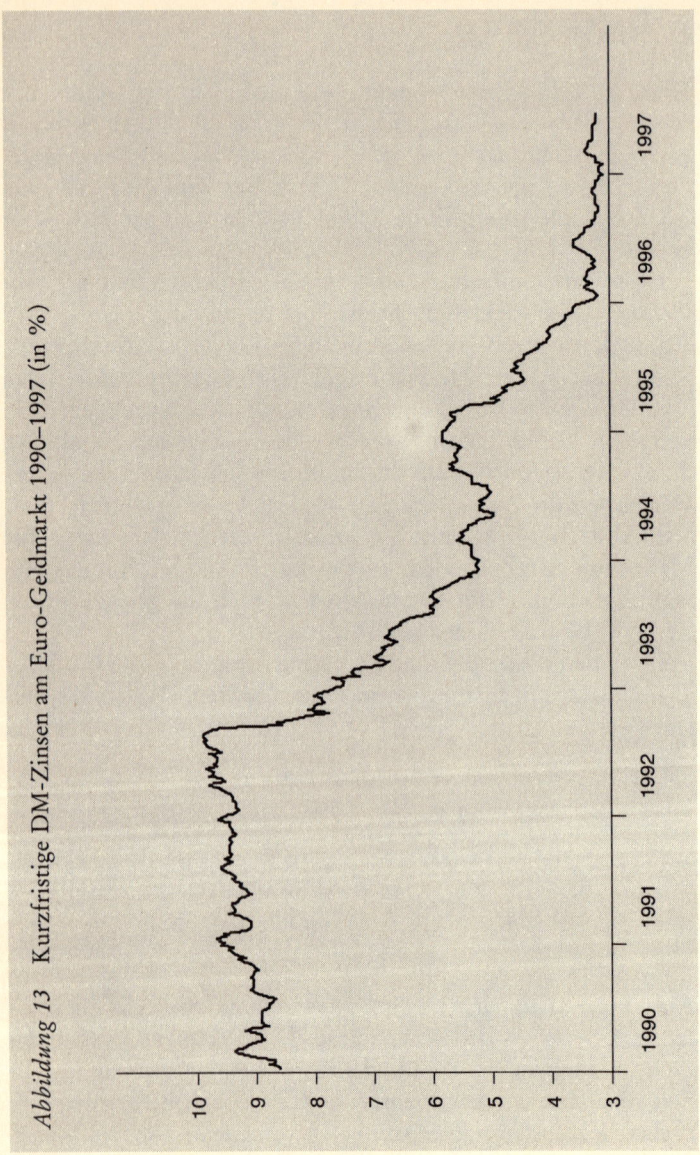

Abbildung 13 Kurzfristige DM-Zinsen am Euro-Geldmarkt 1990–1997 (in %)

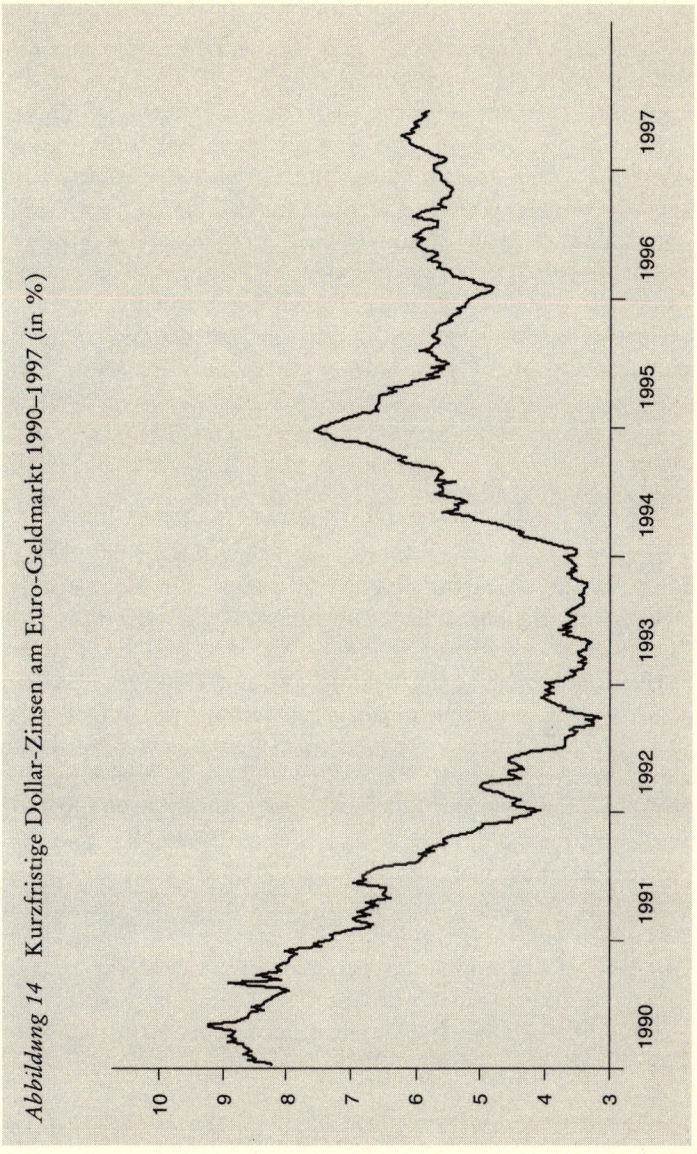

Abbildung 14 Kurzfristige Dollar-Zinsen am Euro-Geldmarkt 1990–1997 (in %)

den, wird sie eine Erhöhung der Geldmarktzinsen veranlassen. Bei zu fester Währung wird sie die Zinsen senken. Im allgemeinen stehen die Zentralbanken miteinander in Kontakt und versuchen gemeinsam, die Währungen durch ihre Zinspolitik stabil zu halten. Da sie jedoch auch die Aufgabe haben, die Preise im eigenen Land nicht ausufern zu lassen, ist es nicht immer leicht für sie, die »richtige« Zinshöhe herauszufinden.

Jedenfalls wird am Trend der Geldmarktzinsen deutlich, was die Zentralbanken vorhaben; darauf sollte der Anleger achten. Dabei ist es keineswegs nötig, täglich die Geldmarktzinsen zu beobachten. Den besseren Überblick bekommen Sie, wenn Sie den aktuellen Stand vierzehntägig oder zum Monatsende überprüfen.

3. Der Anleihemarkt

Zwischen dem 1. Juli 1988 und dem Ende des Jahres 1989 erhöhte die deutsche Bundesbank Diskont- oder Lombardsatz achtmal, die Geldmarktzinsen kletterten ebenfalls deutlich.

Und die Aktienkurse? Sie stiegen kräftig – entgegen allen bisherigen Regeln! Das hatte natürlich seine Gründe. Zunächst waren die Zinserhöhungen nur gegen den steigenden Dollar gerichtet; die D-Mark sollte attraktiver gemacht werden. Dann interpretierte man die Zinsmaßnahmen als der langfristigen Stabilität dienlich. Die Inflation wurde auf diese Weise zeitig bekämpft; die Geldmarktzinsen notierten 1989 höher als zehnjährige Anleihen. Wer schon im März 1989 aus Respekt vor der deutschen Diskontpolitik verkauft hätte, wäre um eine schöne Aktienhausse betrogen worden. Wie hätte man erkennen können, daß die Zinserhöhungen der Bundesbank dem Aktienmarkt nicht unbedingt schaden würden?

Zunächst hätte ein Blick nach Amerika genügt, wo die Zentralbank seit dem Frühjahr 1989 wieder deutlich die Zinszügel lockerte.

Noch wichtiger wäre es gewesen, auf die *längerfristigen Anlei-*

hezinsen zu achten. In den Anleihezinsen spiegeln sich meist die längerfristigen Zinserwartungen schneller wider als in den von den Zentralbanken gesteuerten Dreimonatszinsen.

Was versteht man nun unter den Anleihezinsen?

Wenn ich beispielsweise zum Preis von 10.000 DM oder Euro eine sogenannte »Bundesanleihe« kaufe, dann bin ich ein »Gläubiger« und der Staat ist mein Schuldner. Er ist verpflichtet, mir bis zum Ende der Laufzeit der Bundesanleihe einen festen Zins zu zahlen, der in Prozent ausgedrückt wird. Am Ende der Laufzeit erhalte ich dann auch mein Geld zurück.

Weil ich einen festen Zins bekomme, bezeichnet man eine solche Anleihe auch als »festverzinsliches Wertpapier«. Früher sagte man oft auch »Rentenpapier« dazu, weil die jährliche Zinsausschüttung als eine zusätzliche »Rente« angesehen werden kann.

Eine Anleihe wird während ihrer gesamten Laufzeit an der Börse gehandelt, kann also auch täglich wieder verkauft werden. Ich muß also auch als Käufer nicht warten, bis der Staat wieder Geld benötigt und Anleihen verkauft, sondern kann mir jederzeit eine beliebige Anleihe kaufen, auch von anderen Schuldnern wie Banken, Industrieunternehmen oder anderen Staaten, in eigener Währung oder in Fremdwährung. Der Börsenhandel mit Anleihen ist sogar umfangreicher als jener mit Aktien. Man nennt diesen Markt entweder »Anleihemarkt« oder »Rentenmarkt«.

Abbildung 15 zeigt, wie unterschiedlich sich Anleihe- und Geldmarktzinsen in den USA und Deutschland von 1988 bis 1992 entwickelt haben und daß die bessseren Signale für Aktien von den *Anleihezinsen* kamen.

Das Phänomen, daß die europäischen Aktien 1989 trotz kräftig steigender Zinsen weiter aufwärts strebten, war auch nur möglich, weil die amerikanischen Anleihezinsen seit April 1989 deutlich sanken. Es ist selten, daß sich US-Zinsen und europäische Zinsen gegenläufig entwickeln. 1989 war dies der Fall. Bitte also bei der Zinsentwicklung immer die weltweite Entwicklung mitberücksichtigen!

4. Wir folgen den Zinssignalen

Das Problem der Zinssignale ist, daß die Aktienbörsen auf eine Zinsänderung sofort, aber auch erst in einem halben Jahr reagieren können, oder erst, wenn auch die USA und Japan dieselbe Zinsänderung melden. Dazu schwanken sowohl Zinsen als auch Aktien kurzfristig so stark, daß man leicht den mittelfristigen Trend aus den Augen verlieren könnte.

Aber auf die Dauer kommt die Aktienbörse nicht gegen den Zinstrend an. Sie geht schließlich in die »vorgeschriebene Richtung«, auch wenn sie die Geduld des zinsorientierten Aktionärs mitunter auf eine lange Probe stellt. In meinem Buch *Aktien ohne Stress*, das im Campus Verlag erschienen ist, habe ich eine einfache Methode vorgestellt, mit deren Hilfe der Anleger allein bei monatlicher Beachtung der deutschen und der US-Anleihezinsen in den letzten vierzig Jahren überdurchschnittliche Erfolge an allen Weltbörsen erzielt hätte.

Es gibt mehrere Methoden, die dem Anleger dabei helfen, Trendänderungen bei den Zinsen zu erkennen. Die einfachste ist der sogenannte Sechsmonats- und Zwölfmonatsvergleich. Die folgende Tabelle entstand Ende November 1998 und gibt die Veränderungen der Anleihezinsen von Ende November 1997 (»vor 12 Monaten«) und Ende Mai 1998 (»vor 6 Monaten«) bis Ende November 1998 (»Heute«) an.

Land	Vor 12 Mon.	Vor 6 Mon.	Heute	Trend
USA	6,21 %	5,95 %	5,19 %	⇓
Deutschland	5,30 %	4,76 %	3,82 %	⇓
England	6,71 %	5,85 %	4,72 %	⇓
Japan	1,87 %	1,63 %	1,11 %	⇓
Frankreich	5,64 %	5,03 %	4,06 %	⇓
Schweiz	3,61 %	3,13 %	2,39 %	⇓

Die obige Tabelle bezieht sich auf die von Angebot und Nachfrage bestimmten fünf- bis zehnjährigen *Anleihezinsen*. Es empfiehlt sich, eine ähnliche Tabelle der *kurzfristigen Geldmarkt-*

Abbildung 15   Anleihezinsen und Dreimonatszinsen
am Geldmarkt in den USA und Deutschland
1988–1992 (in %)

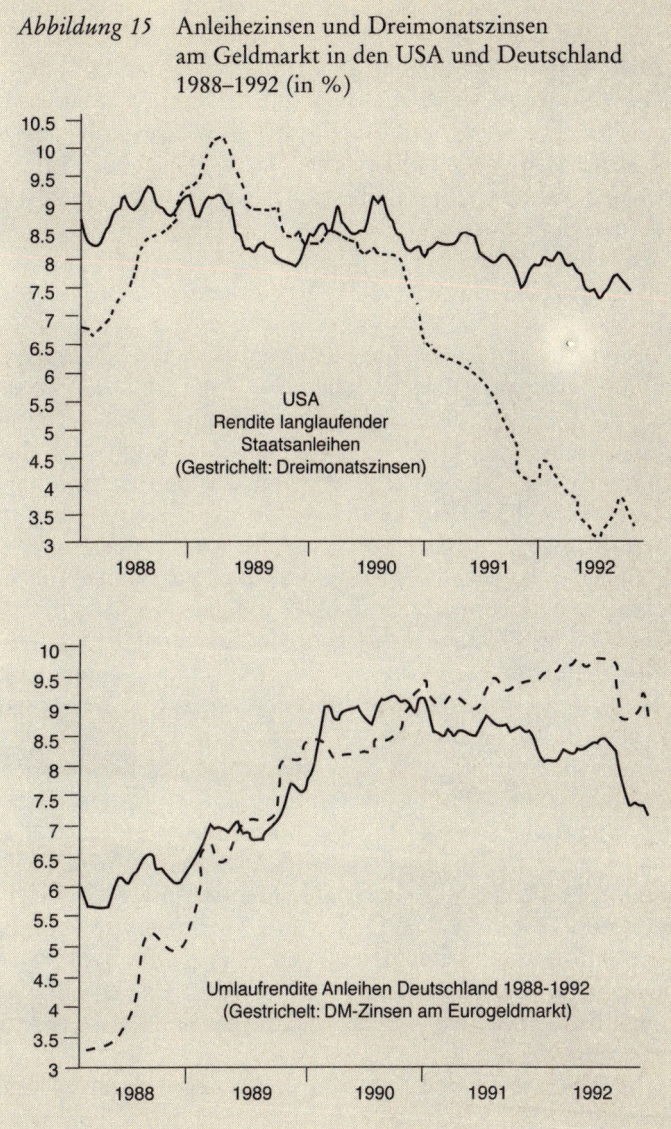

zinsen anzufertigen, um die Absichten der Zentralbanken leichter erfassen zu können.

Die Trendpfeile ganz rechts geben an, ob die Zinsen im Jahres- und Halbjahresvergleich sinken (⇓) oder steigen (⇑). Man sollte vorsichtshalber wenigstens ein Jahr lang die Monatsschlußausgaben seiner Zeitungen aufbewahren. Der Vergleich der Zinsentwicklung mehrerer Länder läßt auch den *weltweiten* Trend sehr viel besser erkennen.

Zwar kann es passieren, daß erfahrene Anleger, die gewohnt sind, sich an der Zinsentwicklung zu orientieren, zu früh einsteigen und ein »Sell out« (= panikartiger Ausverkauf an der Börse vor einer Hausse) überstehen müssen. Ein solches verfrühtes Zinssignal gab es im Jahre 1962. Eine schlimme Erfahrung machten alle, die sich auf Zins-Verkaufssignale verlassen hatten, im Sommer 1998. Während kurz- und langfristige Zinsen immer noch klar sanken, setzte unvermittelt weltweit eine scharfe Aktienbaisse ein, als sich im Gefolge der Krisen in Ostasien, Rußland und Lateinamerika die Angst ausbreitete, es werde zu weltweiten Währungs- und Bankzusammenbrüchen kommen, und Panikverkäufe bei Großanlegern verursachte. Wären die Aktienkurse nicht zuvor viel zu schnell in ungeahnte Höhen geklettert (130 Prozent beim DAX in nicht einmal zwei Jahren), wäre die Korrektur bestimmt weniger scharf ausgefallen.

Dennoch ist richtig, daß jeder, der sich an den Zinsen orientierte und etwas Durchhaltevermögen bewies, in den letzten 40 Jahren an der Börse nicht verlieren konnte, selbst wenn er ab und zu mit dem »Timing« Pech hatte. Auch wer im August 1998 in die Baisse geriet, war als »zinsorientierter Anleger« ja bereits im Herbst 1996 bei einem DAX von 2700 eingestiegen und lag daher selbst beim Tiefpunkt der Baisse Anfang Oktober 1998 bei einem DAX von 3800 immer noch mit vierzig Prozent im Plus, zumal dann auch sehr schnell wieder eine kräftige Korrektur nach oben erfolgte.

Der Hauptgrund, weshalb sich die meisten Anleger nicht an die Zinssignale halten (obwohl sie sicher auch gehört haben, daß diese wichtig seien): Sie wollen nicht glauben, daß die Zinsen einen solch entscheidenden Einfluß haben sollen. Da sind dann zum Beispiel vor einer Baisse folgende Einwände zu vernehmen (ich habe sie alle in verschiedenen Börsenzeitungen und Börsenbriefen gefunden):

»Die Wirtschaft ist doch gesund! Was schaden da höhere Zinsen?«

»Den Anlegern muß doch auch an einer stabilen Währung gelegen sein. Da trennt sich doch niemand von seinen Aktien, bloß weil die Zentralbank etwas für die Preisstabilität tut!«

»Die Börse war schon einige Tage vor der Diskonterhöhung schwach; sie hat diese Maßnahme schon berücksichtigt und erwartet, daher kann sie ihr nicht mehr schaden.«

»Diese Maßnahme der Bundesbank kann nicht als Kurswechsel in Richtung Zinserhöhung verstanden werden, denn die Wirtschaft ist ja noch nicht über den Berg.«

»Die Banken werden über diese Geldverknappungsmaßnahme nur lachen; sie werden sich die nötige Liquidität im Ausland beschaffen.«

»Aktien sind Substanzwerte; da kommt es auf Gewinne und Dividenden an und nicht darauf, wie hoch die Zinsen sind.«

»Mit solchen Zinserhöhungen läßt sich die Konjunktur nicht abwürgen. Denn die Unternehmen, die investieren wollen, richten sich nach ihren Absatzerwartungen und nicht danach, wie hoch die Zinsen im Land sind.«

Immer wieder schaffen es solche »Berater«, auch zinsorientierte Anleger zu verunsichern. Aber lassen Sie sich dadurch nicht beirren. Niedrige Zinsen helfen dem Aktienmarkt doppelt:

1. Die Unternehmen können sich preisgünstiger finanzieren und steigern dadurch ihre Gewinne.
2. Festverzinsliche Wertpapiere (Anleihen) werden weniger interessant, weil die Rendite durch Beteiligung an Unternehmen nun möglicherweise höher ist als durch eine Investition in Zinspapiere.

Steigende Zinsen wirken dann logischerweise in die entgegengesetzte Richtung. Sie verknappen die Geldmenge und dämpfen früher oder später die Neigung von Privatleuten und Unternehmen, sich zu verschulden. Damit aber wird auch die Konjunktur gedrosselt, was die Zentralbank mit der Verschärfung ihrer Geldpolitik auch beabsichtigt. Sie will die Bereitschaft zum Schuldenmachen verhindern, wenn dies die Preise zu sehr nach oben treibt. Wo aber weniger Schulden gemacht werden, wird weniger investiert. Dann sinken die Auftragseingänge, und die Unternehmen verdienen weniger, weil Maschinen und Arbeitskräfte nicht genügend ausgelastet sind und die Fixkosten bleiben.

Auch verwechseln viele Berater und Anleger die kurzfristige Auswirkung einer Zinsmaßnahme mit den (entscheidenden) mittelfristigen Folgen. Kurzfristig schockt eine Zinserhöhungsmaßnahme die Börse, weil man weiß, was das für Folgen hat. Nach einer Woche ist dieser Schock jedoch überstanden, die Kurse erholen sich, und viele meinen, die Börse habe die Maßnahme nun schon ausreichend berücksichtigt. Die eigentlichen·Auswirkungen treffen die Börse jedoch erst in den folgenden Monaten.

Umgekehrt herrscht oft auch zu wenig Vertrauen, wenn zur Hausse »geklingelt« wird. Im nachhinein erscheint es unglaublich, daß auch ein erfahrener Börsenfachmann wie Joseph Granville die amerikanische Jahrhundert-Hausse, die im August 1982 begann, glatt verschlief. Dabei war doch alles sonnenklar. Waren nicht die Zinsen am Geldmarkt schon seit September 1981 gefallen? Hatte man nicht sehnlichst auf ein Zinssenkungssignal der Zentralbank gewartet? Das Signal kam in Form der Diskontsenkung am 19. Juli 1982. Die Aktienkurse standen tief; nur in der Baisse 1974 waren sie zuletzt tiefer gewesen. Warum kaufte man dann nicht?

Der Grund war wie so oft ein Heruminterpretieren der Fachleute an der Diskontsenkung – so lange, bis kaum mehr jemand diese Maßnahme als Signal zum Einstieg gelten ließ. Bezeichnend die Überschrift der »Süddeutschen Zeitung« vom 21. Juli 1982 im Wirtschaftsteil: »Diskontsenkung in USA weckt keine Euphorie – Wall Street bleibt skeptisch/Banken mit Prime-Rate

Ermäßigung vorsichtig«. Weiter unten hieß es dann: »Wallstreet-Analysen meinen, daß der zaghafte Schritt der FED – der Markt hatte mit mindestens 1% Ermäßigung gerechnet – eher politische Bedeutung habe. Die FED, meinen diese Beobachter, habe die Diskontsenkung so gewählt, daß sie mit dem Auftritt von Notenbankchef Volcker auf dem Capitolshügel in Washington zeitlich zusammenfalle. Volcker legte am gestrigen Dienstag vor dem Bankenausschuß des Senats den halbjährlichen Rechenschaftsbericht der FED ab.«

Das ist der Grund, weshalb die Zinssignale der Zentralbanken so wenig beachtet werden. Tatsachen werden nicht als Tatsachen betrachtet. Statt dessen deutet man unentwegt an ihnen herum, nur um seine augenblickliche Stimmungslage, sei sie optimistisch oder pessimistisch, nicht ändern zu müssen.

Besonders nach der Erfahrung des Jahres 1998 ist es jedoch hilfreich, außer den Zinssignalen noch nach anderen Signalen für steigende oder fallende Aktien zu suchen, um die Sicherheit der Prognose zu erhöhen. In der Tat gibt es weitere Signale; sie leiten sich allerdings aus der Börse selbst ab. Genauer gesagt: Aus dem Verlauf der Aktienkurse können Rückschlüsse gezogen werden. Damit beschäftigt sich das nächste Kapitel.

5. KAPITEL

BEKANNTE METHODEN DER TECHNISCHEN ANALYSE

1. Gleitende Durchschnitte

Unter Technischer Analyse versteht man in der Börsensprache alle Methoden, die es ermöglichen sollen, aus der Kursentwicklung heraus auf den weiteren Verlauf der Gesamtbörse oder auch einer einzelnen Aktie zu schließen. Keine dieser Methoden ist unumstritten, und es gibt immer noch Börsenfachleute, die rundweg bestreiten, daß man aus dem Kursverlauf eine zukünftige Entwicklung ablesen kann. Aus meiner Erfahrung kann ich sagen, daß zwar keine dieser Methoden fehlerfrei ist, aber jede einen gewissen Grad an Zuverlässigkeit enthält.

Die Kurse schwanken täglich und mit ihnen die Kursindizes, die auf dem Durchschnitt der wichtigsten Aktien eines Landes beruhen. Schon im vorigen Jahrhundert sind deshalb Verfahren entwickelt worden, um die kurzfristigen Zufallsschwankungen auszuschalten und einen mittelfristigen Trend zu erkennen. So beinhaltet zum Beispiel der gleitende 200-Tage-Durchschnitt (gemeint sind 200 Börsentage) die aufaddierten Kurse dieser 200 Tage, geteilt durch 200. An jedem nächsten Börsentag wird der gleitende Durchschnitt neu berechnet. Der neueste Kurs kommt hinzu, der älteste fällt weg.

Stellt man diese Berechnung graphisch dar, gewinnt man eine Linie, die einen mittelfristigen Trend angibt. In einer Hausse bewegen sich die aktuellen, täglichen Kurse oberhalb der 200-Tage-Linie, in einer Baisse unterhalb. Nun gibt es folgende Regel:

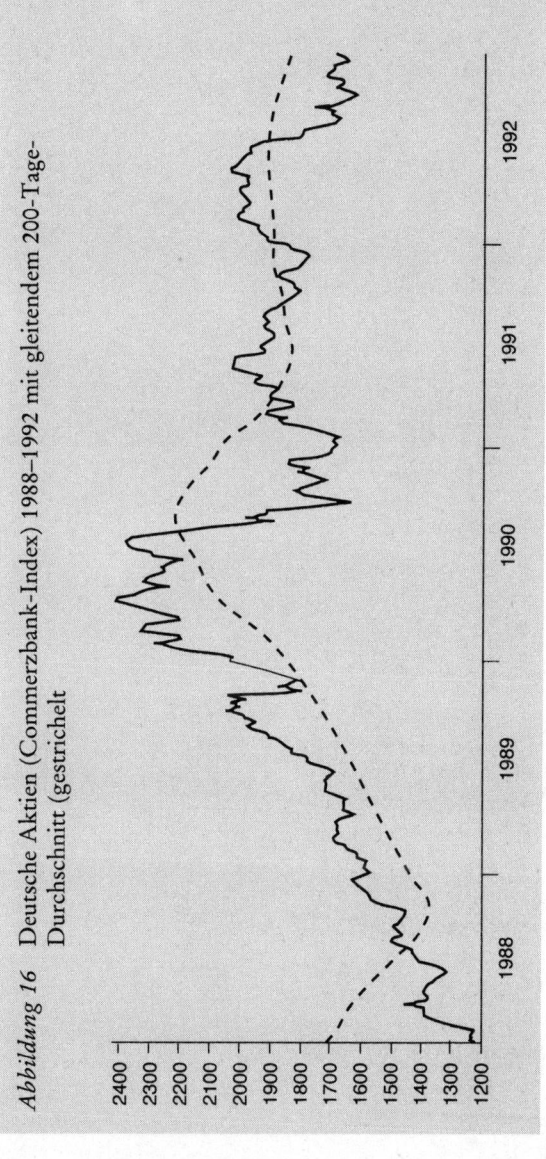

Abbildung 16 Deutsche Aktien (Commerzbank-Index) 1988–1992 mit gleitendem 200-Tage-Durchschnitt (gestrichelt)

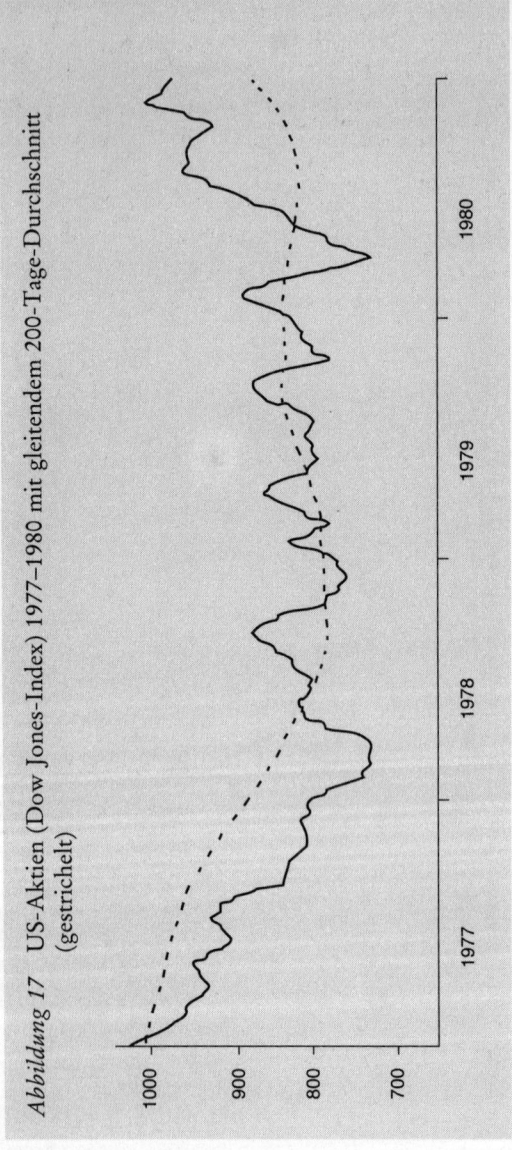

Abbildung 17 US-Aktien (Dow Jones-Index) 1977–1980 mit gleitendem 200-Tage-Durchschnitt (gestrichelt)

Schneidet die Kurve der täglichen Kurse die 200-Tage-Linie nach oben, ist das ein Kaufsignal. Schneidet sie sie nach unten, ist das ein Verkaufssignal. In rund 70 Prozent aller Fälle stimmt diese Regel. Aber in 30 Prozent eben nicht. Und deshalb eignet sie sich nicht als maßgebliches Kriterium für die Anlageentscheidung, so schön es auch gewesen wäre. Vielleicht möchten Sie nun einwenden: »Aber warum denn nicht? Wenn 70 Prozent meiner Börsenentscheidungen richtig sind, bin ich auch schon sehr zufrieden.«

So ganz richtig sind jedoch auch diese 70 Prozent der Entscheidungen nicht. Denn die Methode hat noch einen weiteren Nachteil: sie ist »prozyklisch«. Das heißt: Man springt auf einen Zug auf, der schon vor längerer Zeit in diese Richtung abgefahren ist. Man hat die Hälfte der Kursgewinne schon versäumt. Ebenso gibt die Methode erst mit großer Verspätung an, wann es Zeit ist auszusteigen. Dazu kostet das Kaufen und Verkaufen Spesen.

In Abbildung 16 sehen Sie den deutschen Commerzbank-Index mit der 200-Tage-Durchschnittslinie (was etwa einem Zeitraum von zehn Monaten entspricht, da es 200 Börsentage sind). Wir nehmen an, wir hätten immer bei den Schnittpunkten gekauft und verkauft. Dann wären 1988 und beim Verkauf 1992 sehr gute Signale gekommen. Recht unbefriedigend waren jedoch die späten Signale zum Ausstieg 1990 und zum Einstieg 1991.

Wie extrem unglücklich es einmal laufen kann, wenn Sie sich ausschließlich auf die 200-Tage-Linie verlassen, konnte man 1979–1980 in den USA erleben, wie aus Abbildung 17 hervorgeht. Man kaufte und verkaufte hier regelmäßig im falschesten Moment. Daß eine Börse sich so unregelmäßig bewegt, ist zwar nicht die Regel, aber es kommt eben vor.

Auch andere Durchschnittslinien bringen übrigens keine besseren Ergebnisse. Wohl erhält man bei einer 400-Tage-Linie weniger Fehlsignale, aber dafür kommen die Signale noch viel später als bei der 200-Tage-Linie. Wohl erhält man bei einer 90-Tage-Linie schnellere, aber dafür öfter falsche Signale, die zu korrigieren sind. Dann müssen Sie dauernd ganz schnell kaufen und verkaufen, was allein aufgrund der Spesen recht teuer kommt. Sicher, würde sich die Börse gleichmäßiger und eindeutiger bewegen, dann würde all dies besser funktionieren. Aber zum Glück ist es nicht so; das wäre zu einfach, da könnte ja jeder an der Börse gewinnen wollen...

Dennoch kann man mit der 200-Tage-Linie sehr gut arbeiten. Zunächst gilt: Betrachten Sie nie ein einziges Land isoliert, sondern immer *alle* wichtigen Industrieländer. Das gilt für die Zinsentwicklung, für die Aktienkurse und auch für die 200-Tage-Linien. Eine Zusammenschau filtert Fehlsignale aus.

Erfahrungsgemäß ist eine Aktienbaisse schnell beendet, wenn neunzig Prozent und mehr der Indizes aller wichtigen Industrieländer unterhalb ihrer 200-Tage-Linien liegen. Länger als acht Monate hielt sich beispielsweise der DAX nie unter diesem gleitenden Durchschnitt auf.

Aber auch für eine übertriebene Aktienhausse gibt die Methode gute Warnsignale. Liegen die meisten Indizes bereits zwanzig Prozent und mehr *über* ihrer 200-Tage-Linie, dann wird es höchste Zeit, den Aktienanteil im Depot zu verringern. Denn die Börsen sind dann viel zu schnell und viel zu steil angestiegen. Der DAX erreichte beispielsweise Ende Juli 1997 einen Rekordabstand des aktuellen Kurses zum 200-Tage-Durchschnitt von rund dreißig Prozent. Das konnte nicht gutgehen. Die Übertreibung wurde in den folgenden Monaten auch prompt bestraft und führte zu einem crashähnlichen Kurssturz bis zu 25 Prozent im Oktober.

Ein Jahr später, Mitte Juli 1998, war die Lage ähnlich. Nicht nur der DAX, sondern alle europäischen und amerikanischen Indizes waren wieder viel zu schnell gestiegen. 25 Prozent Abstand zur 200-Tage-Linie mußten vorsichtige Anleger wiederum als Alarmsignal auffassen, das trotz der weiter sinkenden Zinsen zumindest Teilverkäufe ratsam erscheinen ließ. Der folgende Kurssturz brachte Europas Aktien im Durchschnitt vierzig Prozent Verlust!

2. Trendlinien

Wenn Sie in Abbildung 16 an der Index-Linie ein Lineal so anlegen, daß die obere rechte Spitze von Juli 1990 und die wesentlich tiefer liegende Spitze von Mai 1991 das Lineal gerade berühren, dann können Sie eine Trendlinie bilden, die etwa im Januar 1992 nach oben geschnitten wird. Das gilt als Kaufsignal. Solche Trendliniensignale haben sich gut bewährt. Kaufsignale gewinnt man also durch Anlegen des Lineals an den oberen Spitzen einer abwärtsgerichteten Kurve, Verkaufssignale durch Anlegen an den unteren Spitzen einer aufwärtsgerichteten Kurve.

Sie finden in diesem Buch einige Aufzeichnungen von Aktienkurven. Manchmal sind die Kurse nur monatlich erfaßt. Dennoch werden Sie feststellen, daß das Lineal verblüffend gute Signale gibt. Nehmen wir beispielsweise gleich VW in Abbildung 2. Die Trendlinie gibt ein wunderschönes Kaufsignal zum richtigen Zeitpunkt im Januar 1975. Auch bei der Gold- oder Dollarkurskurve bewähren sich Trendlinien. Freilich gibt es auch Fehlsignale. Es kommt vor, daß manche Trendlinien sich als falsch erweisen und korrigiert werden müssen. Meist waren sie zu steil gezogen, und das Signal kam zu früh. Manchmal ist aber auch die Linie zu flach. Wenn Sie zum Beispiel in Abbildung 16 den untersten Punkt (Anfang 1988) mit dem Tiefpunkt des »Mini-Crashs« vom Oktober 1989 zu einer Trendlinie verbinden, kommt das Verkaufssignal 1990 schon sehr spät.

Wenn Ihnen diese Methode mit dem Lineal gefällt, Sie aber keine Zeit haben, selbst Aktienkurven aufzuzeichnen, können Sie Charts (= Aktienkurse, graphisch dargestellt) auch kaufen. Das ist möglich in Form von Heften oder Computersoftware. Doch ich rate davon eher ab. Das Material ist teuer, und die Auswertung müßten Sie dann doch selbst vornehmen. Besonders die Ersteller von Computersoftware gefallen sich in der Erfassung so vieler kurzfristiger Indikatoren (die allesamt nichts bringen), daß sich der Benutzer am Ende verwirrt fragt, wonach er sich jetzt eigentlich richten soll.

Nur Anleger, die viel Zeit haben und solche Analysen als

Hobby betreiben, werden Freude daran finden. Meiner Meinung nach kann die Quartalregel (Kapitel 7) Ihnen jeden Chart ersetzen, weil sie Trends mathematisch eindeutig und objektiv erfaßt, während das Ziehen von Trendlinien immer eine Frage der Interpretation ist.

3. Widerstand und Unterstützung

Wenn man den Kursverlauf von Aktien verfolgt, wird man entdecken, daß sie bei einem bestimmten Kurs plötzlich nicht mehr so recht weiterlaufen wollen, obwohl die Börse insgesamt weiter aufwärts strebt. Dies muß nicht bedeuten, daß die Aktie jetzt schon technisch schwächer geworden ist. Sie kann auch in eine Widerstandszone geraten sein. In dieser Zone lag offenbar das Kursziel vieler Anleger. Sie wollten die Aktie bis dahin halten, und nun verkaufen sie. Deshalb läuft die Aktie nicht mehr so recht.

Solche Widerstandszonen befinden sich immer

a) bei runden Kurszahlen (100, 200 usw);
b) bei Kursen, die vor Monaten oder auch vor Jahren schon einmal Höchstkurse waren, weshalb viele glauben, daß die Aktie auch jetzt nicht höher steigt;
c) bei früheren Tiefstkursen, die dann doch nach unten durchbrochen wurden und jetzt zum Widerstand werden, weil viele Anleger, die damals nicht verkauft hatten, nun heilfroh sind, wenigstens diesen Kurs wieder erreicht zu haben.

Auf Ihrer Kursgraphik (Chart) können Sie die Widerstandszonen vorsichtig als waagrechte schraffierte Balken an den entsprechenden Stellen einzeichnen – also keine Linien, denn einen gewissen Toleranzspielraum von etwa fünf Prozent muß man allemal einräumen.

Das Gegenstück der Widerstandszonen sind die Unterstützungszonen, an denen eine Aktie bei ihrer Abwärtsbewegung zunächst haltmacht.

Soweit die Grundlagen; nun die Regeln:

1. Wird eine Zone durchbrochen, dann geschieht dies sehr heftig, wie nach einem Stau. Dann sind schnelle Kursbewegungen von rund 20 Prozent und mehr durchaus möglich. Dennoch können Schnellentschlossene oft noch rechtzeitig reagieren, weil häufig ein paar Tage nach dem Durchbruch der Kurs noch einmal eine Bewegung hin zur Zone macht, gleichsam um sich zu verabschieden.

2. Bisherige Unterstützungszonen werden nach dem Durchbruch nach unten zu Widerstandszonen, bisherige Widerstandszonen nach dem Aufwärts-Durchbruch zu Unterstützungszonen.

Diese Regeln gelten meist, aber es gibt Ausnahmen. Vor allem am Ende einer Hausse häufen sich die Durchbrüche durch Widerstandszonen nach oben. Dann ist es sehr gefährlich, dem Durchbruch zu »glauben«. In den USA bezeichnet man eine solche Kaufeuphorie am Ende einer Hausse als »Buy out« (= »Aus-Kaufen«) mit neuen Höchstkursen. Danach geht es steil abwärts. Man spricht hier auch von der sogenannten »Bullenfalle«. Als »bull market« bezeichnet man einen Aufwärtstrend bei Aktien, und die »Bullen« sind die, die an eine Aufwärtsbewegung glauben. Wer also eine Aktie gekauft hat, nachdem sie einen Widerstand durchbrach, und anschließend erleben muß, daß die Aktie wieder nach unten dreht, der ist in eine »Bullenfalle« geraten.

Wer in eine solche Bullenfalle am Ende einer Hausse gerät, ist wohl selbst schuld. Man sollte Aktien *am Anfang* einer Hausse-Bewegung kaufen und sich nicht später noch dazu verleiten lassen, auch noch die letzten vielleicht möglichen Kursgewinne mitzunehmen.

Auch die gegenteilige Erfahrung ist möglich. Man kauft eine Aktie, weil sie eine »Unterstützungszone« erreicht hat und weil man die Baisse für beendet hält. Da bricht plötzlich die Aktie nach unten durch; laut Regel muß man verkaufen (am besten hat man sich hier auch schon seine »Stoploss-Marke« gesetzt). Die

Aktie fällt noch ein Stück, aber dann dreht sie überraschend wieder nach oben und steigt sehr schnell.

Was ist passiert? Man war in ein »Sell out« geraten, in den letzten panikartigen Ausverkauf am Ende einer Baisse, der oft einer Hausse noch vorangeht. Man spricht hier auch von der sogenannten »Bärenfalle«. Das kommt von dem Wort »bear market«, eine Bezeichnung für einen Abwärtstrend.

So ärgerlich sie auch ist, man kann die Bärenfalle nicht immer vermeiden. In der Regel wird man beim Durchbruch durch die Unterstützung stets verkaufen, weil man nie weiß, wie tief das »Sell out« die Aktie nach unten treiben wird. Wendet sich die Börse dann zur Hausse, wird man vermutlich eine andere Aktie kaufen, die »technisch stärker« ist (siehe Abschnitt 8 dieses Kapitels, »relative Stärke«).

Unterstützungs- und Widerstandszonen geben weniger sichere Signale als Trendlinien. Aber sie sind eine große Hilfe, was die Bestimmung des optimalen Kauf- und Verkaufspreises betrifft. Denn wenn zum Beispiel eine Aktie Ihnen grundsätzlich kaufenswert erscheint, bei 106 notiert, die Zinsen nach unten zu drehen beginnen und bei etwa 100 eine Unterstützungszone verläuft, dann können Sie ruhig ein Limit von 103 legen und Sie werden die Aktie wohl fast zum Tiefstpreis bekommen.

Widerstandszonen sind oft eine große Hilfe für die Beantwortung der Frage: »Bis zu welchem Kurs wird meine Aktie steigen? Wie lange soll ich sie halten?« Die Aktie wird meist bis zur nächsten Widerstandszone steigen. Hält sie hier inne und die Zinsen beginnen zu steigen, dann zögern Sie nicht: Verkaufen!

4. Die Bedeutung des Aktienumsatzvolumens

Leider finden wir in unseren Tageszeitungen nur die täglichen Umsatzmengen der am meisten gehandelten deutschen Aktien, die von Nebenwerten und ausländischen Aktien dagegen nicht. Es ist jedoch nicht ganz unwichtig, ob ein Durchbruch durch eine Widerstandszone bei verhältnismäßig geringen oder bei hohen Umsätzen erfolgt ist. Ein Durchbruch bei niedrigen Umsätzen ist sehr unzuverlässig; er zeigt, daß es keineswegs Großanleger sind, die hier kaufen, sondern nur einige Spekulanten. Meist geschieht der Durchbruch jedoch unter hohen Umsätzen, während die sich häufig anschließende »technische Reaktion« zurück zur Widerstandszone (also das »Verabschieden«) in den nächsten Tagen unter geringeren Umsätzen erfolgt. Das ist dann ein positives Zeichen, das darauf hindeutet, daß es sich wohl nicht um eine Bullenfalle handelt und daß jetzt eine optimale Einstiegsmöglichkeit besteht.

Entsprechend ist das Volumen der gehandelten Aktien beim Durchbruch unter eine Unterstützungslinie ebenfalls höher als bei der technischen Reaktion nach oben, wenn auch nicht so deutlich ausgeprägt wie der Umsatzunterschied bei der Aufwärtsbewegung.

Viele Börsianer, die sich ganz der technischen Analyse, insbesondere der Chartanalyse, verschrieben haben, sind der Meinung, daß ohne genaue Kenntnis des Umsatzvolumens einer Aktie überhaupt keine exakte Prognose gestellt werden kann. Doch sollte man hier auch nicht übertreiben. Erstens sind steigende Kurse in einer Aufwärtsbewegung fast immer auch von hohen Umsätzen begleitet. Zweitens kommt es bei der Chartanalyse selbst dann immer wieder zu Fehlprognosen, wenn das Umsatzvolumen in die Analyse einbezogen wurde. Man erlebt immer wieder, daß plötzlich große Aktivität an der Börse herrscht, viel gekauft wird, bei vielen Aktien Kaufsignale registriert werden – und dann tut sich in den folgenden Wochen und Monaten schier gar nichts mehr, die Börse bewegt sich unter geringen Umsätzen seitwärts.

Wir sollten die Bedeutung hoher Umsätze kennen, sie auch mit berücksichtigen, sofern wir an die Zahlen herankommen, aber sie auch nicht überbewerten. Die von mir entwickelte Halbjahresvergleich-Methode (siehe Kapitel 6) ist beispielsweise so konzipiert, daß sie Umsatzzahlen nicht benötigt.

5. Chart-Formationen, die Sie kennen sollten

Die sogenannten Chartisten, die sich näher mit den Aktienkurven befassen, haben herausgefunden, daß diese Kurven
immer ganz bestimmte Merkmale aufweisen, aus denen sich angeblich auf den weiteren Kursverlauf schließen läßt. Da gibt es
»Dreiecke«, »Diamanten«, »Untertassen«, »Keile«, »Wimpel«,
»Rechtecke« und ähnliche Formationen.

Mich haben die Chartisten nie so recht überzeugen können. Im
nachhinein, sicher, da ist jede Figur eindeutig. Aber in der kritischen Phase, wenn man die Anlageentscheidung treffen muß, sind
meist verschiedene Deutungen möglich. Daher benötigt man für
viele dieser Gebilde unbedingt auch die Umsatzzahlen, um zu
einer eindeutigen Aussage gelangen zu können.

Es genügt durchaus, nur zwei Formationen zu kennen:
die W-Formation mit ihrem Gegenstück, der M-Formation
(Abb. 18), und die Kopf-Schulter-Formation, zu der es ebenfalls
ein Spiegelbild gibt, die umgekehrte Kopf-Schulter-Formation
(Abb. 19).

Beim Auftreten einer W- bzw. M-Formation ändert eine Aktie
oder ein Aktienindex häufig die Richtung. Es entsteht ein Doppelboden bzw. eine Doppelspitze, weil die Börse oder eine Aktie
nie von heute auf morgen ihren Trend plötzlich ändert. Das ist
für den Anleger sehr beruhigend zu wissen; er braucht nicht
gleich in Panik zu geraten, wenn seine Aktien nach einer Aufwärtsbewegung zum ersten Mal zurückgehen. Gelegenheit zum
Verkauf gibt es immer noch.

Bei VW in Abbildung 2 wurde die Aufwärtsbewegung im
Jahre 1974 auch durch eine W-Formation eingeleitet. Die beiden

Abbildung 18   W-Formation (links) und M-Formation (rechts)

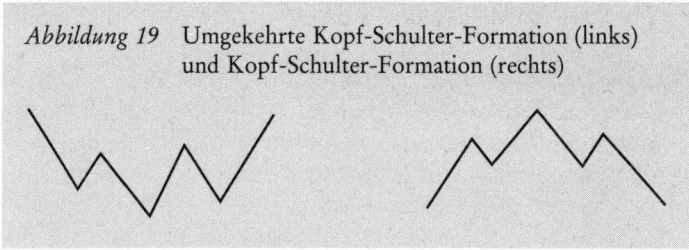

Abbildung 19 Umgekehrte Kopf-Schulter-Formation (links)
und Kopf-Schulter-Formation (rechts)

unteren Böden traten im Juli und Dezember 1974 auf. Das ist im übrigen typisch für diesen Formationstyp: Die beiden Böden oder Spitzen sollten zumindest zwei Monate auseinanderliegen. Ein Abstand von einer Woche kann nicht als Doppelspitze oder Doppelboden angesehen werden.

Übrigens muß bei einer W-Formation das W nicht unbedingt gerade sein; der zweite Boden kann durchaus etwas höher oder tiefer liegen und zur mittleren Spitze einen größeren oder kleineren zeitlichen Abstand aufweisen als der erste Boden. Für die M-Formation gilt umgekehrt dasselbe.

In einigen Lehrbüchern wird behauptet, Kopf-Schulter-Formationen (Abb. 19) träten noch häufiger auf als W- bzw. M-Formationen. Ich kann dies aus meiner Erfahrung nicht bestätigen; allerdings sind Kopf-Schulter-Formationen auch etwas schwerer zu erkennen. Der Name erklärt sich aus dem Erscheinungsbild der Abwärtsformation (Abb. 19 rechts); der höchste Punkt kann als Kopf, die linke bzw. rechte Spitze als Schulter betrachtet werden.

Wie W- und M-Formationen entstehen auch Kopf-Schulter-Formationen deshalb, weil der Aktientrend Zeit zur Umkehr benötigt. Alle drei Spitzen bzw. Böden müssen übrigens jeweils mindestens einen Monat auseinanderliegen.

Sollte man über die Umsatzzahlen verfügen, ist dies hilfreich, denn diese sind gerade bei Kopf-Schulter-Formationen besonders charakteristisch. Betrachten wir etwa die Abwärtsformation: Linke Spitze: sehr hohe Umsätze; mittlere Spitze: etwas weniger hohe Umsätze; rechte Spitze: niedrige Umsätze. Bei der umgekehrten Kopf-Schulter-Formation, die eine Trendwende nach oben einleitet, weist die rechte, endgültige Aufwärtsbewegung die höchsten Umsätze auf.

Auch für Kopf-Schulter-Formationen gilt, daß sie häufig krumm und schief erscheinen, daß also die mittlere Spitze nicht genau in der Mitte auftritt und daß die linke und die rechte Spitze nicht genau auf einer Ebene liegen.

In den Abbildungen 20 und 21 nun zwei Beispiele aus der Praxis. Zwischen diesen Beispielen besteht allerdings ein großer Unterschied: Während AEG tatsächlich eine echte umgekehrte Kopf-Schulter-Formation mit anschließender Aufwärtsbewegung ausbildete, leitete bei Preussag die Kopf-Schulter-Formation nur scheinbar eine Abwärtsbewegung ein. Die Aktie stieg anschließend und konnte 1981 ihren Kurs sogar verdoppeln. Ein Börsenberatungsdienst war unterdessen auf diese Formation

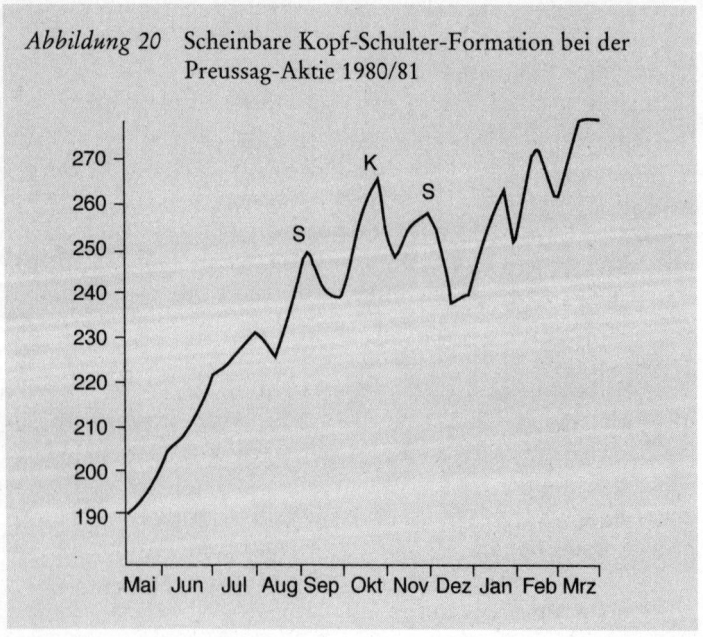

Abbildung 20   Scheinbare Kopf-Schulter-Formation bei der Preussag-Aktie 1980/81

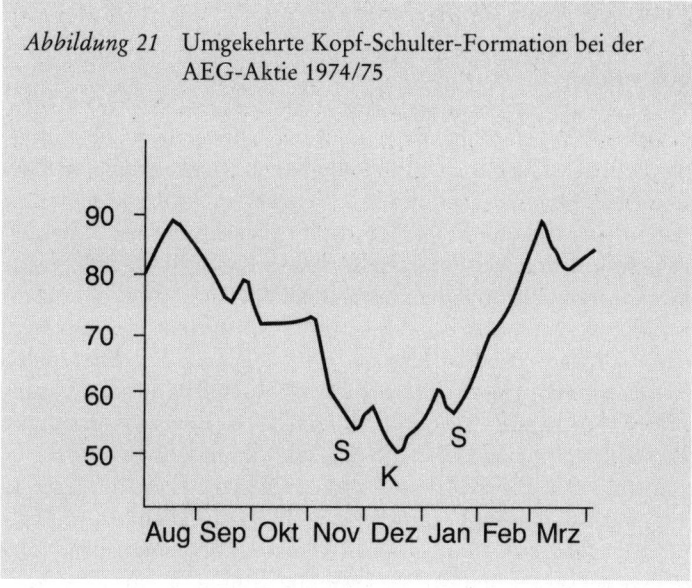

Abbildung 21 Umgekehrte Kopf-Schulter-Formation bei der
AEG-Aktie 1974/75

prompt hereingefallen und hatte seinen Beziehern den Verkauf
der Aktie empfohlen.

Überzeugte Chartisten werden Ihnen natürlich *hinterher*
genau erklären können, daß die scheinbare Kopf-Schulter-Formation von Preussag 1980 in Wirklichkeit keine war. Das wichtigste Merkmal, nämlich die Vollendung mittels Durchbruch
durch die sogenannte »Nackenlinie« am Kopf-Schulter-Ansatz,
habe noch gefehlt. Aber wenn man so lange warten muß, bis
der Kurs schon ziemlich tief ist, dann ist es fraglich, ob die Methode viel nützt. Wenn nämlich die Formation wirklich vollen-
det ist, sind hohe Kursverluste nur noch eine Sache von wenigen Tagen.

Besser also, man gibt zu, daß man sich auf solche Formationen
nicht hundertprozentig verlassen kann und daß lediglich eine
hohe Wahrscheinlichkeit besteht, daß es so wie vermutet weiter-
gehen wird.

6. Wie Ebbe und Flut – die Point & Figure-Chartanalyse

Charles Dow, einer der Begründer der Chartanalyse, hat einmal die Beobachtung gemacht, daß die Kursbewegungen der Aktien wie Wellen an einem Strand verlaufen. Immer weiter kommen sie herein, und mit einem Stock kann man jeweils die Stelle markieren, wo sie am weitesten in Richtung Land vorstießen. Dann kommt irgendwann der Zeitpunkt, an dem der Stock nicht mehr weiter versetzt werden muß. Keine Welle kommt mehr so weit, der Rückwärtstrend ist klar erkennbar. Charles Dow hat in seiner berühmten Dow-Theorie diese Beobachtung auf die Aktienbörse übertragen. Seine Nachfolger haben daraus eine präzise Methode entwickelt, eben die Point & Figure-Chartanalyse.

Point- und Figure-Charts sind graphisch völlig anders angeordnet als die bisher besprochenen Charts (die auch Liniencharts genannt werden). Minuszeichen kennzeichnen eine Abwärtsbewegung, Pluszeichen eine Aufwärtsbewegung. Kleine Bewegungen erscheinen nicht. Eine neue Reihe wird erst begonnen, wenn sich der bisherige Trend so stark ändert, daß mindestens drei neue Zeichen eingetragen werden können. Die waagrechte Koordinate ist also keine gleichmäßige Zeitachse wie bei den Liniencharts; ein Jahr kann viele Reihen, nur eine Reihe oder auch gar keine umfassen. Die senkrechte Koordinate muß so gegliedert sein, daß eine Einheit im Schnitt einem Sprung von 2,25 Prozent entspricht.

Die Reihen in der Point & Figure-Graphik entsprechen den Wellen am Meeresstrand, wie in Abbildung 22 gut zu erkennen ist. So gab es 1982 hier ein Kaufsignal, als eine Minusreihe nicht mehr so tief wie die vorherige ging und gleichzeitig die folgende Plusreihe die vorherige überstieg.

Ein großer Vorteil dieser Darstellungsform ist auch ihre Übersichtlichkeit. Sechs bis sieben Jahre lassen sich auf einem Blatt unterbringen, die Unterstützungs- und Widerstandszonen sind gut zu erkennen – und die Folgen bei einem Durchbruch.

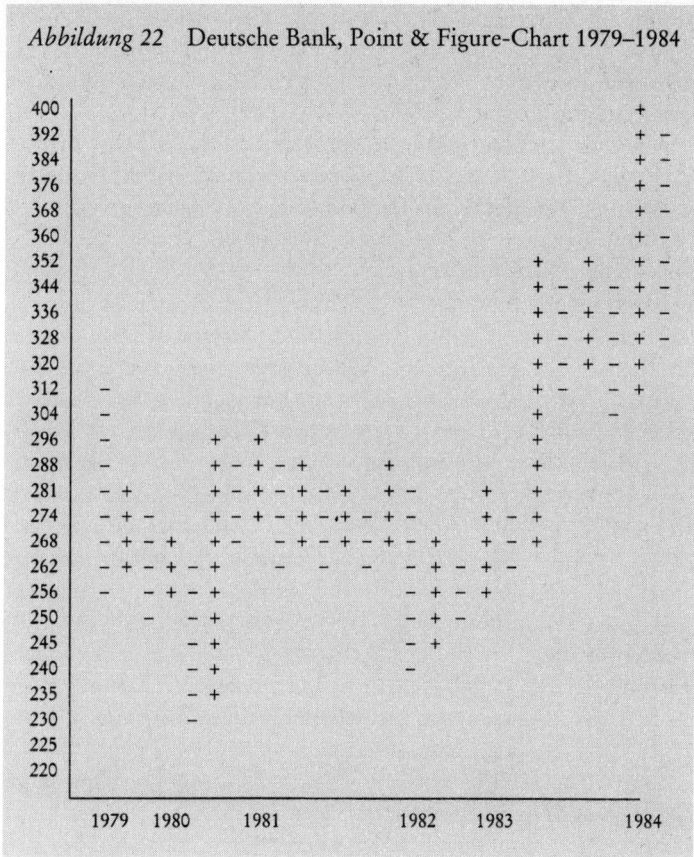

Abbildung 22   Deutsche Bank, Point & Figure-Chart 1979–1984

7. Neue Indikatoren zur Ermittlung des Gesamttrends

In den USA wurden in den letzten Jahren einige neue technische Indikatoren entwickelt, von denen man zumindest gehört
haben sollte, weil sie in manchen Börsenzeitschriften erwähnt

95

werden. Erschöpfend kann ich sie nicht behandeln, dazu gibt es Spezialliteratur. Aber Sie müssen diese nicht gelesen haben, denn für so bedeutend halte ich deren Erkenntnisse nun auch wieder nicht.

Alle diese Indikatoren haben gemeinsam, daß sie nur zur Bestimmung des Gesamttrends, nicht aber zur Auswahl bestimmter Aktien geeignet sind. (Die bisher besprochenen graphischen Hilfsmittel eignen sich ja sowohl für den Gesamtindex als auch für einzelne Aktienkurse.)

Nicht gerade neu, aber sachlich in diesen Abschnitt passend, ist die »Advance-Decline-Linie«. Dies ist eine Kurve, die das Verhältnis der gestiegenen Aktien gegenüber den gefallenen Aktien ausdrückt. Dieser Vergleich kann täglich, wöchentlich oder monatlich erfolgen. Die Advance-Decline-Linie wird meist auf Chartbildern von Indexkurven beigefügt und gilt als zuverlässigerer Trendanzeiger als die Indexlinie. Sie hat den Aufwärtstrend 1982 sowohl bei deutschen (Abb. 23) als auch bei amerikanischen Aktien eher signalisiert als der Index. Während dieser im August 1982 noch einmal auf sein altes Tief zurücksank, hielt die AD-Linie ihr Niveau. Die Baisse der ersten Jahreshälfte 1984 wurde für die USA ebenfalls rechtzeitig durch eine Abwärtsbewegung der AD-Linie seit Mitte 1983 angezeigt; bei deutschen Aktien, die ebenfalls fielen, kam jedoch keine Warnung, wie aus Abbildung 23 zu entnehmen ist.

Das Grundprinzip der AD-Linie, nicht einen Durchschnittswert zu beobachten, sondern zu erforschen, ob die Zahl der starken oder die Zahl der schwachen Aktien zunimmt, hat sich bewährt. Andererseits ist auch immer wieder ein Versagen der AD-Linie festzustellen.

Auf demselben Prinzip beruht die Methode, die Anzahl der Aktien, deren Kurse sich über ihrer 200-Tage-Linie befinden, mit der Anzahl der Aktien unter ihrer 200-Tage-Linie zu vergleichen. Noch sinnvoller ist es jedoch, die Anzahl der Aktien-*indizes* in Beziehung zu ihren gleitenden Durchschnitten zu setzen. Davon war bereits die Rede. Daß man dieselbe Regel auch auf Aktien eines Landes und deren 200-Tage-Linien an-

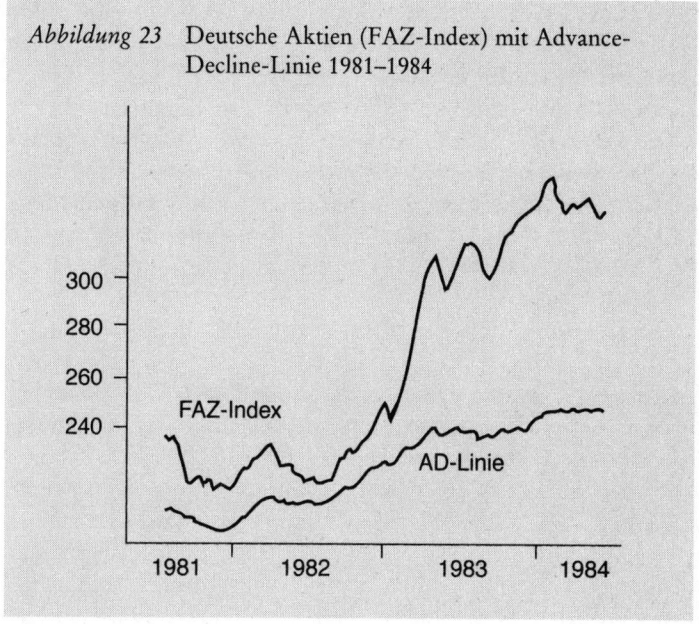

Abbildung 23   Deutsche Aktien (FAZ-Index) mit Advance-
Decline-Linie 1981–1984

wenden kann, ist klar. Die Signale der Indizes sind jedoch zuverlässiger.

Die folgenden Indikatoren haben alle gemeinsam, daß sie das Verhalten bestimmter Anlegergruppen beobachten und daraus Schlüsse ziehen.

Ein interessantes Beobachtungsobjekt ist die Gruppe der »Leerverkäufer«. Im Kapitel 2, Abschnitt 7 wurden Leerverkäufe von Aktien besprochen. Nun gibt es hier folgende Regeln:

1. Je höher der Anteil der Leerverkäufe am durchschnittlichen täglichen Umsatz, desto wahrscheinlicher ist es, daß bald eine *Aufwärts*bewegung einsetzt.
Begründung: Die Leerverkäufer müssen sich in der nächsten Zeit mit Aktien eindecken, weil sie die »leer« verkauften Aktien ja noch gar nicht besitzen.

(Für das Verhältnis der Leerverkäufe zum Umsatz gibt es den Fachausdruck »Short-Interest-Ratio«; »Short« ist der gängige amerikanische Begriff für Leerverkauf.)

2. Es ist wichtig, welche Gruppe von Börsenteilnehmern jeweils Leerverkäufe tätigen. Man unterscheidet »Public Shorts« (Leerverkäufe des breiten, vermeintlich unwissenden Publikums) und »Specialist Shorts« (Leerverkäufe der sogenannten Experten). Je höher nun der Anteil der »Public Shorts« an allen Leerverkäufen, desto besser sind die Chancen, daß es *aufwärts* geht.
Begründung: Die breite Masse liegt immer falsch.

Ich habe 1978–1984 diese Methode für den US-Markt näher überprüft. (Es soll jetzt nicht untersucht werden, wie die Amerikaner überhaupt zu diesen Zahlen kommen.) Überdurchschnittlich hoch war der Anteil der Public Shorts zu folgenden Zeiten: Oktober 1978, Oktober 1979, Juni/August 1982, Dezember 1983. Das bedeutet, daß die zweite der genannten Regeln nur für den großen Aufschwung, der im August 1982 begann, wirklich gepaßt hat. Wer im Oktober 1978, Oktober 1979 und Dezember 1983 Leerverkäufe tätigte, lag sogar ganz ausgezeichnet. Das »unwissende Publikum« ist heute nicht mehr so unwissend, und die Experten tippen oft daneben. 1984 schnitten etwa 74 Prozent aller »Money Manager« in den USA schlechter ab als der Aktienindex.

Damit dürfte auch der beliebte Vergleich zwischen der Menge der »Round Lot-Käufe« und der »Odd Lot-Käufe« fragwürdig erscheinen. Round Lot-Käufe sind immer Käufe von 100 Aktien oder eines Vielfachen davon. Der sogenannte »kleine Mann« kann sich das nicht leisten. Er kauft »Odd Lots«, d.h. weniger als 100 Stück. Früher konnte man tatsächlich feststellen, daß die Odd Lot-Käufer schlecht informiert waren und meist fehlgriffen. Seit aber das Round Lots/Odd Lots-Verhältnis ständig veröffentlicht und als sichere Hilfe zur Kursprognose angepriesen wird, ist es – wie das Public Shorts/Specialist Shorts-Verhältnis – nicht mehr so verläßlich wie früher, zumal sich auch der »kleine

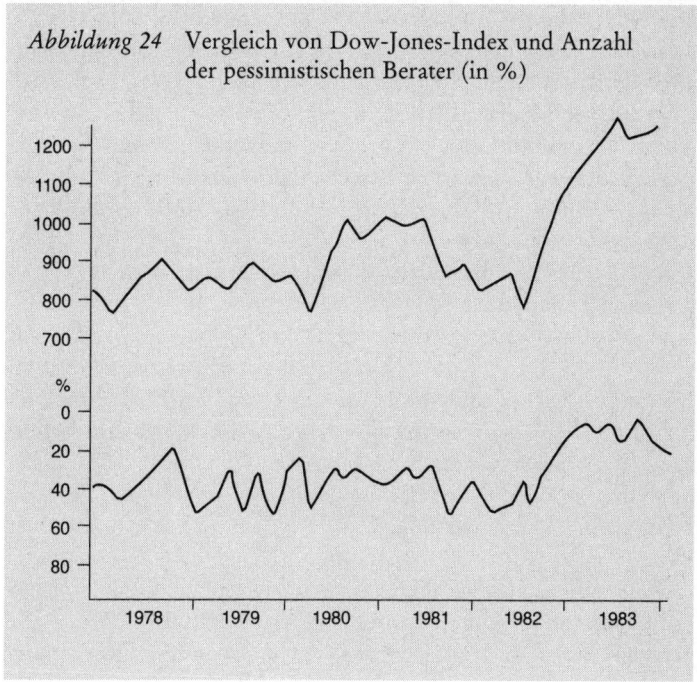

Abbildung 24 Vergleich von Dow-Jones-Index und Anzahl
der pessimistischen Berater (in %)

Mann« immer besser informiert. Der in Deutschland oft ge-
brauchte Begriff der »Lieschen Müller-Hausse« (womit gemeint
war, daß nun die letzten Dummen noch Aktien zum Höchststand kaufen) ist nur dann gültig, wenn man auch die meisten
Börsenberater zur Gruppe der »Lieschen Müller« rechnet.

Eine weitere, für die Börsenberatungs-»Fachleute« allerdings
wenig schmeichelhafte Methode besteht darin, festzustellen,
wieviel Prozent der Börsenberatungsdienste optimistisch und
wieviel pessimistisch sind. Wenig schmeichelhaft ist die Methode
deshalb, weil die Schlüsse, die gezogen werden müssen, gerade
entgegengesetzt lauten:

Je mehr Berater optimistisch gestimmt sind, desto wahrscheinlicher ist es, daß es jetzt bald *abwärts* geht. Je mehr pessi-

mistisch gestimmt sind, desto eher kann es wieder aufwärts gehen. Dies scheint unglaublich, handelt es sich doch immerhin um Fachleute, deren tägliches Geschäft die Börse ist. Und doch ist es so, wie Sie in Abbildung 24 erkennen können. Je höher die Kurse, desto optimistischer werden die Berater. Damit die Ähnlichkeit der beiden Kurven besser zu erkennen ist, steht in Abbildung 24 die Null-Prozent-Marke oben, die Hundert-Prozent-Marke unten.

Für die deutsche Börse und die deutschen Berater gilt übrigens dasselbe. Ende Januar 1984, als die deutsche Börse ihren bis dahin höchsten Stand erreicht hatte, waren 77 Prozent der Berater positiv gestimmt und 23 Prozent äußerten keine klare Meinung. Ausgesprochen pessimistisch war niemand. Bis Ende Juli 1984 fielen die Kurse im Durchschnitt um 20 Prozent. Als Erfahrungswert hat sich herausgestellt, daß 55 Prozent der Berater pessimistisch geworden sein müssen (sehr viel mehr werden nicht pessimistisch, komme, was da wolle), damit es nach einer Baisse wieder aufwärtsgehen kann.

Warum ist das so? Wohl darum, weil sich auch die Berater nur schwer der allgemeinen Stimmung entziehen können. Wenn alle gern kaufen, dann wagt niemand eine gegenteilige Empfehlung zu geben, aus Angst, man könnte Kunden verlieren oder als »Miesmacher« verschrien werden. Außerdem dürften die Berater ein Interesse daran haben, die von ihnen einmal empfohlenen Aktien so weit wie möglich im Kurs hochzutreiben, um desto glänzendere Erfolge verbuchen zu können. Dem würde eine vorzeitige Verkaufsempfehlung nur schaden.

Schließlich scheinen auch viele Anleger eher bereit zu sein, einem Börsenberater eine Empfehlung zu verzeihen, die sich als Fehlschlag erwies, als den ausgebliebenen Hinweis auf einen möglichen Kursgewinn.

Im übrigen: Wenn alle optimistisch sind und sich entsprechend verhalten, dann haben sie an der Börse bereits gekauft bzw. ihren Kunden zum Kauf geraten. Wer soll dann noch kaufen? Es ist niemand mehr da, der noch weiter kaufen will. Es kann also nur noch abwärts gehen. Wenn umgekehrt die Mehrzahl pessimistisch ist, wer verkauft dann noch? Denn ein Drittel ist ja immer optimistisch, und die Pessimisten haben alle verkauft; es muß also aufwärtsgehen.

»Immer gegen die Mehrheitsmeinung handeln!« So könnte man dieses System beschreiben. Man hat dies auch auf den Optionshandel angewandt (zum Begriff »Option« siehe 2. Kapitel, 7. Abschnitt). Wenn die Anzahl der Kaufoptionen (man nennt sie auch »Call«) überwiegt, dann geht es bald abwärts, wenn die Zahl der Verkaufsoptionen (man nennt sie auch »Put«) überwiegt, dann geht es bald aufwärts. Auch die Optionskäufer geben ja nur die allgemeine Stimmung wieder.

So interessant diese Zusammenhänge auch sind, ich verlasse mich auf den Indikator »Kauf gegen die Mehrheitsmeinung« nicht. Wenn diese Zahlen regelmäßig veröffentlicht werden (wie in den USA üblich), ist früher oder später damit zu rechnen, daß sich die Anleger nun doch anders verhalten als erwartet. Beispielsweise waren im Februar 1983 nur noch etwa zehn Prozent der US-Berater pessimistisch, was ein starkes Baisse-Signal sein sollte. Dennoch blieb die US-Börse bis Januar 1984 stark.

8. Die »relative Stärke« einer Aktie

Welche Aktien soll man kaufen? Anfänger kaufen optisch billige Aktien. Erfahrene Anleger hingegen wissen, daß man scheinbar teure Aktien kaufen muß, solche, die schon in den letzten Monaten stärker gestiegen sind als andere. Den empirischen Beweis liefere ich im im 8. Kapitel. Aber warum ist dies so?

Dies ist so, weil es eben doch einige Käufer gibt, die mehr wissen als die Mehrzahl der Börsenteilnehmer. Denken Sie zum Beispiel an Großanleger (Investmentgesellschaften, Versicherungen, Banken), die sich auf Grund von »Insider«-Informationen entschlossen haben, von bestimmten Aktien besonders viele Stücke zu kaufen. Sie können nicht die gesamte gewünschte Stückzahl auf einmal kaufen und legen daher auch Kaufpausen ein, damit sich der Kurs etwas »setzt«, die Aktie wieder etwas billiger wird. Aber sie geben kein Stück aus der Hand. Schließlich erweitert sich der Kreis derer, die die Aktie immer noch für unterbewertet halten. Noch sind die zu erwartenden guten Nachrichten dem breiten Publikum nicht in vollem Ausmaß bekannt. Es wundert sich nur, warum so viele Käufer noch zu so hohem Kurs einsteigen. Dann folgt schließlich die Phase der Übertreibung. Da sind nun alle guten Nachrichten restlos bekannt, werden in der Presse weit ausgewalzt, und die Euphorie kennt keine Grenzen. Dies ist der Zeitpunkt, zu dem die Großanleger bereits wieder daran denken, wie sie ihre Aktien zu den derzeit übertrieben hohen Kursen loswerden können. Sie beginnen mit ersten vorsichtigen Verkäufen, um den Markt nicht zu belasten. Dennoch führt das nach gewisser Zeit dazu, daß die Anleger insgesamt wieder etwas nüchterner über Aktien denken. Niemand will mehr kaufen, eine Baisse oder wenigstens eine kleine Zwischenbaisse kommt unvermeidlich.

Diese Zusammenhänge sind wichtig, um die Erfahrungstatsache zu erklären, daß relativ starke Aktien auch meist bis zum Ende der allgemeinen Hausse stark bleiben. Umgekehrt ausgedrückt lautet diese Regel nämlich: So lange eine Hausse anhält, so lange bleiben die jeweiligen Favoriten auch weiterhin die Favoriten und die jeweiligen »lahmen Enten« bleiben lahme Enten. Erst nach der nächsten Baisse oder Zwischenbaisse (sechs bis zwölf Monate) werden die Karten sozusagen neu gemischt, und jetzt können neue Favoriten auftreten, die wieder rechtzeitig an ihrer relativen Stärke erkennbar sind.

Was kann man als Börsenteilnehmer nun tun, wenn man diese Gesetzmäßigkeiten kennt? Wie mißt man die relative Stärke von Aktien? Dazu gibt es verschiedene Verfahren:

Die relative Stärke kann am einfachsten mit Hilfe einer guten Zeitung festgestellt werden, indem man den neuesten Kurs einer Aktie mit ihren bisherigen Jahreshoch- und -tiefkursen vergleicht, und dann feststellt, ob sich der neueste Kurs eher beim Jahreshoch oder Jahrestief bewegt. Zu bevorzugen sind nicht etwa die scheinbar »billigen« Aktien, die noch beim Jahrestief liegen, sondern diejenigen, die soeben neue Höchstkurse gemeldet haben.

Oder man nimmt einen Fixpunkt, zum Beispiel den Schlußkurs des Vorjahres, und vergleicht die prozentuale Abweichung der untersuchten Aktie von ihrem Schlußkurs des Vorjahres mit dem Durchschnitt der anderen Aktien. Die Möglichkeiten, die relative Stärke zu messen, sind sehr vielfältig und im Computerzeitalter einfach zu handhaben. Es gibt jetzt schon Programme, die von jeder Aktie einen gleitenden Durchschnitt, die relative Stärke (nach verschiedenen Bezugsgrößen) und sogar Trendlinien errechnen. Man kann das sogar so einrichten, daß der Computer über Bildschirmtexte die neuesten Kurse der Weltbörsen abruft, Chartbilder zeichnet, sie auswertet und meldet, was kaufens- und verkaufenswert erscheint.

Wichtig ist, daß bei allen Verfahren zur Ermittlung der relativen Stärke nie außer acht gelassen wird, daß eine Aktie nur so lange relativ stark bleibt, wie die derzeitige Hausse anhält. Dreht die Börse insgesamt nach unten, können gerade die bisher starken Aktien auch besonders stark fallen – gerade sie sind es sogar meist, die die Baisse einleiten. Deshalb muß stets auch der *grundsätzliche* Kauf- und Verkaufszeitpunkt klar sein, und er gilt auch für die »starken« Aktien.

Für Freunde graphischer Darstellungen ist ein Verfahren ganz anschaulich, das ich 1974–1978 bei verschiedenen Aktien angewandt habe. Es hat sich gut bewährt, war mir aber zu mühsam und zu zeitraubend, um es weiterzuverfolgen, da ich mit ganz einfachen Mitteln (Taschenrechner) arbeitete. Jetzt könnte man wahrscheinlich leicht Programme entwickeln, die einem das Ausrechnen und Aufzeichnen der Graphik abnehmen würden.

Ich habe damals jede Woche die prozentuale Veränderung einer Aktie errechnet und mit dem Gesamttrend verglichen. Auf den Gesamttrend kam es nicht an; ich trug nur in eine Graphik ein, um wieviel Prozent sich die Aktie in dieser Woche gegenüber dem Gesamttrend verbessert oder verschlechtert hatte.

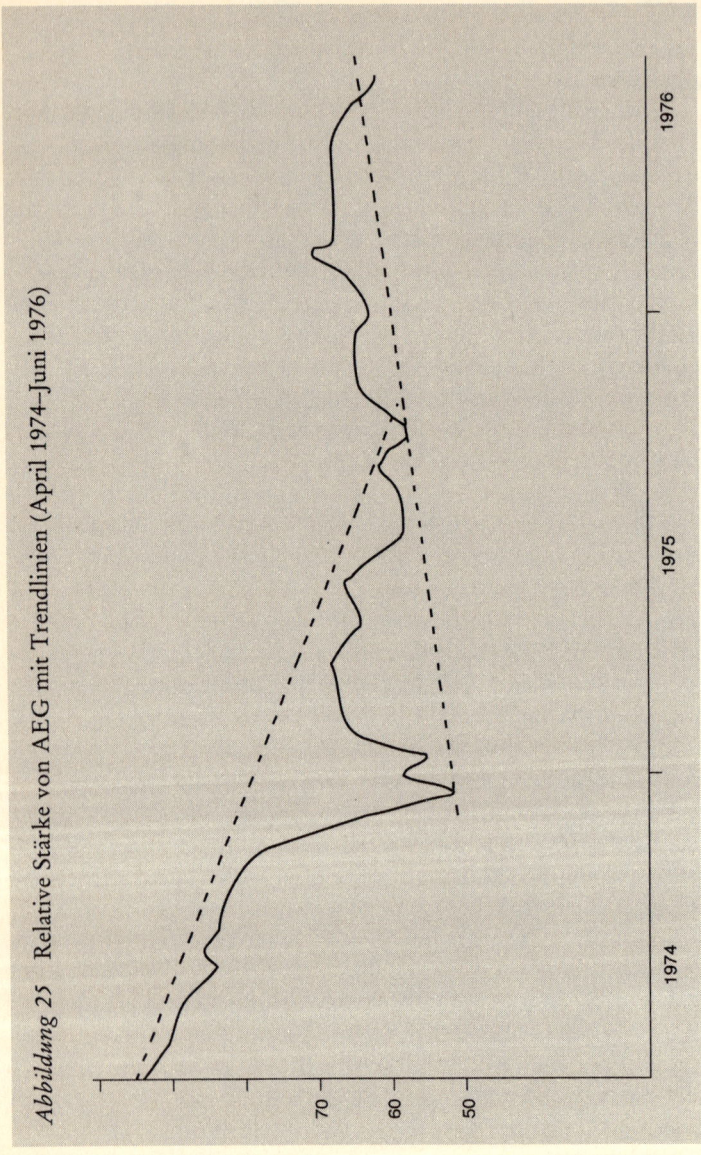

Abbildung 25 Relative Stärke von AEG mit Trendlinien (April 1974–Juni 1976)

In Abbildung 25 sehen Sie, wie sich eine solche Aktienkurve entwickelt, die allein nach ihrer relativen Stärke gegenüber dem Gesamttrend und nicht nach ihrem Kurswert aufgezeichnet wird. Die Kurve beginnt Ende April 1974 und endet im Juni 1976. Die eingezeichnete Trendlinie verdeutlicht, daß der relative Abwärtstrend im Oktober 1975 vorläufig beendet war (Trendlinie nach oben geschnitten). Die Aufwärtsbewegung war im Mai 1976 jedoch ebenfalls wieder beendet.

Wir kommen in den folgenden Kapiteln nochmals zur relativen Stärke und deren Messung zurück. Jedoch ist immer darauf zu achten: Ein relatives Kaufsignal gilt nur dann, wenn die Gesamtbörse nach oben gerichtet ist.

9. Zur »Beweglichkeit« von Aktien

Gegen das Prinzip der relativen Stärke wird oft eingewandt, diese hänge doch einfach mit der allgemeinen Hausse zusammen. Es gebe eben sensible Aktien, die in der Hausse besonders stark stiegen, aber ebenso in der Baisse besonders stark fielen. Diese Aktien seien eben beweglich, und man könne sich darauf verlassen, daß die meisten dieser beweglichen Aktien auch in der kommenden Hausse stärker steigen würden als der Durchschnitt. Das verhalte sich ähnlich wie bei den Optionsscheinen (Kapitel 2, Abschnitt 8).

Die Aktien-Techniker haben für die Beweglichkeit von Aktien einen Begriff geschaffen: den sogenannten »Beta-Faktor«. Der Beta-Faktor ist ein Gradmesser, der angibt, wie stark die Aktie im Verhältnis zu anderen schwankt. Ein Beta-Faktor von 1,0 bedeutet: Die Aktie schwankt so stark wie der Durchschnitt. Ist er größer als 1, dann schwankt die Aktie stärker. Errechnet wird der Beta-Faktor jeweils aus vergangenen Hoch- und Tiefkursen.

Begründet wird die größere Beweglichkeit von bestimmten Aktien damit, daß sie einer Branche angehören, die konjunkturabhängiger ist als andere (zum Beispiel Autoindustrie, Stahl, Maschinenbau, Computerhersteller), oder daß die betreffenden Gesellschaften stärker verschuldet sind als andere – womit sich eine Besserung in den Auftragseingängen verhältnismäßig stärker auf die Gewinnsituation auswirkt als bei relativ schuldenfreien Unternehmen.

Ich bestreite nicht, daß es Aktien gibt, die unter diesen Gesichtspunkten beweglicher sind als andere. Jedoch bin ich in meinem Urteil hierzu in letzter Zeit sehr vorsichtig geworden. Vor zwanzig Jahren hätte ich gesagt, Standardaktien wie IBM, General Motors, Deutsche Bank oder Bayer seien ziemlich unbeweglich; Haushalts- und Nahrungsmittelaktien wie Nestlé, Coca-Cola, General Foods und Unilever hätte ich geradezu als »Langweiler« bezeichnet. Gerade solche Aktien sind im letzten Jahrzehnt jedoch besonders kräftig gestiegen.

Vor 1973 galten Gold- und Ölaktien als wenig attraktiv; Inflationsraten von über zehn Prozent in vielen Ländern haben diese Einschätzung schnell beendet. Der sogenannte Beta-Faktor ist so wenig konstant, daß man sich allmählich fragen muß, ob es noch Sinn hat, ihn miteinzubeziehen. Welche Kurssprünge nach oben hat die Mannesmann-Aktie 1974–1976 gemacht, wie relativ unbeweglich war sie 1977–1984, wie kräftig ist sie dank des Mobiltelefons in den neunziger Jahren vorangekommen!

Warnen möchte ich also vor der Schlußfolgerung, daß eine Aktie, die in der Baisse stark fällt, in der anschließenden Hausse besonders stark steigt. Das ist möglich, aber nicht wahrscheinlich. Ein solches Papier ist nicht ohne Grund stärker als andere Aktien gefallen. Die Aktie muß sich erst bewähren, muß zeigen, daß sie die Baisse überwunden hat, muß als relativ stark signalisiert werden, ehe man sie kaufen kann.

Ein Beispiel dafür ist BMW in Abbildung 26. Die Aktie war 1979 so stark gefallen, weil man wegen der Ölkrise Schlimmes für die Autoindustrie befürchtete. 1980 bildete BMW eine umgekehrte Kopf-Schulter-Formation aus (vgl. Abschnitt 5) und befand sich 1982 längst im Aufwärtstrend, als viele andere Aktien noch neue Tiefstkurse erreichen. Wer auf Grund der relativen Stärke im Herbst 1982 BMW-Aktien kaufte, erreichte binnen eines Jahres Gewinne von über 100 Prozent.

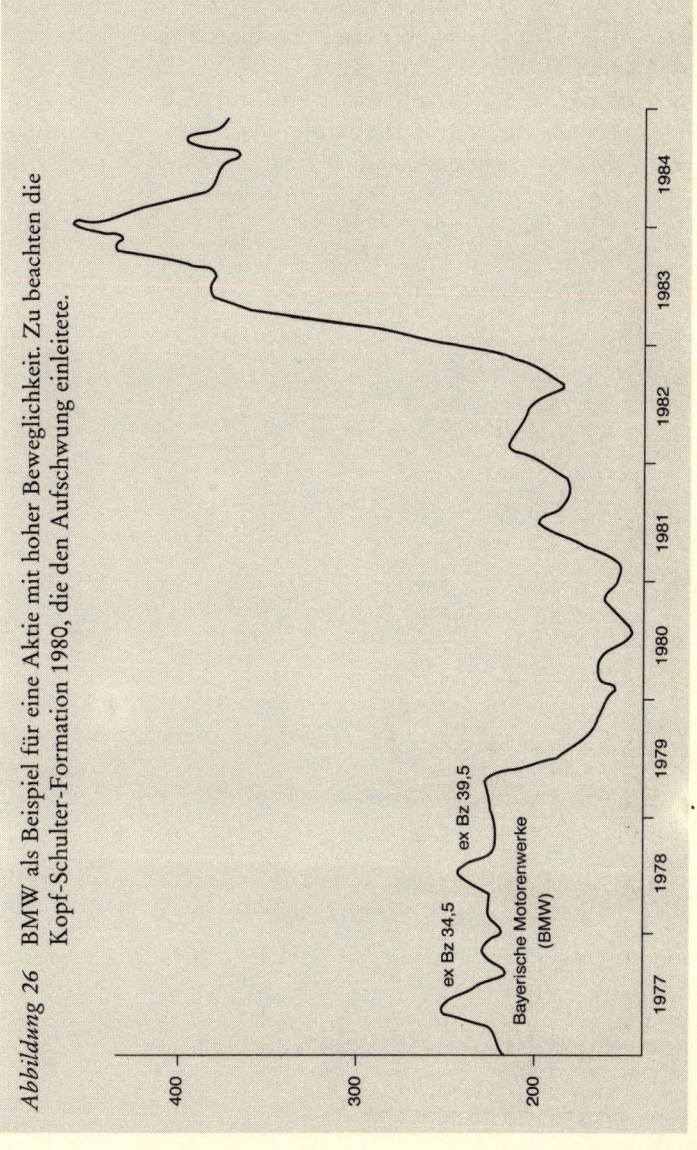

Abbildung 26 BMW als Beispiel für eine Aktie mit hoher Beweglichkeit. Zu beachten die Kopf-Schulter-Formation 1980, die den Aufschwung einleitete.

Wenn ich also empfehle, nie zu einem vermuteten Tiefpunkt in die Börse einzusteigen, weil man erst hinterher sieht, wo der wirkliche Tiefpunkt lag, so hat dies noch einen weiteren Vorteil: Es wird nun erst klar, was bevorzugt gekauft wird, was also relativ stark sein wird. An Beta-Faktoren der Vergangenheit sollte man sich nicht orientieren.

6. KAPITEL

DIE HALBJAHRESVERGLEICHS-
(SECHSPHASEN-)METHODE

1. Zur Einführung

Die Ereignisse von 1987 haben die im »Aktien-Berater« (1. Auflage 1986) vorgestellte Methode berühmt gemacht. Die Methode
gab am 15. August 1987 ein optimales Verkaufssignal, fast zum
damaligen Höchststand der Kurse (Kurshoch des Dow-Jones-
Index am 20.8.87). Da auch die Zinsentwicklung längst Alarm
geschlagen hatte, riet ich in meinem Börsenrundbrief (Vorläufer
der *Börsensignale*) aggressiv zum Verkauf. Der *Spiegel* berichtete
darüber im Frühjahr 1988.

Entwickelt hatte ich die Methode, als ich über Möglichkeiten
nachdachte, Regeln für ein *antizyklisches Handeln* zu finden:
Wie gelingt der Einstieg, wenn die Kurse »unten« sind, oder der
Ausstieg »oben«?

2. »Oben« und »Unten«

Schon als Börsenanfänger lernt man: In der Baisse, wenn die
Kurse unten sind, soll man kaufen; in der Hausse, wenn die
Kurse oben sind, verkaufen.

Doch wo ist »oben« und »unten«? Die Aktien bewegen sich ja
selten so, daß sie stets bei einer gewissen Marke ihren Tiefpunkt
erreichen, ebensowenig beenden sie ihren Höhenflug in der Regel exakt bei früheren Höchstkursen. Starke Aktien steigen oft

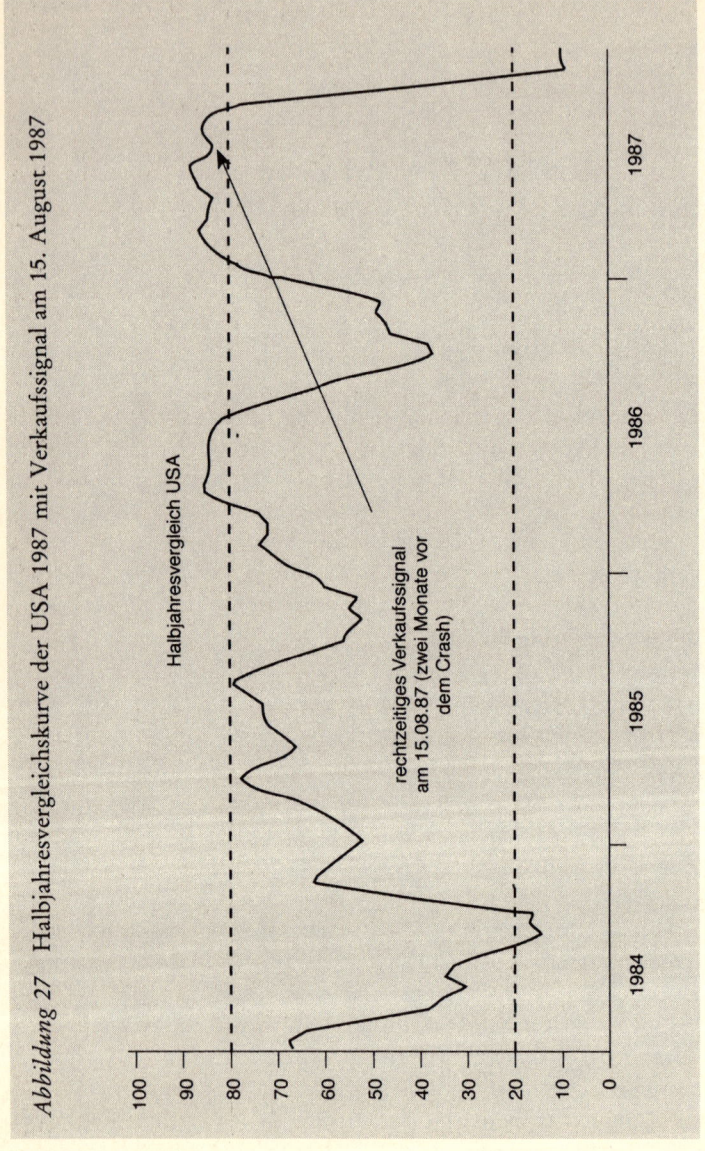

Abbildung 27 Halbjahresvergleichskurve der USA 1987 mit Verkaufssignal am 15. August 1987

Die Halbjahresvergleichs- (Sechsphasen-)Methode

Halbjahresvergleich USA

rechtzeitiges Verkaufssignal
am 15.08.87 (zwei Monate vor
dem Crash)

110

nochmals um 50 oder 100 Prozent, schwache Aktien erreichen nicht mal die alten Markierungen.

Bei Aktienindizes kommt es öfters vor, daß die Kurse zwischen bewährten Höchst- und Tiefständen pendeln; 1961, 1969, 1972 und 1978 lagen die Spitzenwerte des Commerzbank-Index nicht weit voneinander entfernt. Viele Anleger hatten sich so sehr an diese Höchststände gewöhnt, daß sie 1983 und 1985 den gewaltigen Ausbruch nach oben verschliefen. 1986 und 1990 bildete sich beim Commerzbank-Index bei 2400 eine neue Obergrenze heraus, die um die Jahreswende 1993/94 erneut getestet wurde. Klar durchbrochen wurde sie erst 1996.

In der Fachwelt ist man sich selten einig, ob ein bestimmter Indexstand als hoch, niedrig oder »im mittleren Bereich liegend« anzusehen ist. So kam ich Anfang der achtziger Jahre auf die Idee, einen Maßstab einzusetzen, der eindeutige Ober- und Untergrenzen aufweist.

Wieviel Prozent der Aktien, die wir von einem Land beobachten, notieren höher als vor einem halben Jahr?

Das ist die einfache Regel. Mehr als 100 Prozent und weniger als null Prozent können es nicht sein. Hier gelten immer die gleichen Extremwerte. Liegen nur zehn Prozent der Aktien über ihren eigenen Kursen vor sechs Monaten, dann sind wir »tief«. Lautet die Zahl 90 Prozent, dann sind wir »hoch«.

Ich spreche dabei absichtlich von tief und hoch, und nicht von unten und oben. Denn sonst könnte man dies mißverstehen in dem Sinn, daß im Bereich zwischen 90 und 100 Prozent keine höheren *Kurse* und bei zehn bis null Prozent keine tieferen *Kurse* mehr möglich seien. Wir kaufen nicht automatisch bei zehn Prozent und verkaufen auch nicht automatisch bei 90 Prozent. Die Angelegenheit ist komplizierter.

3. Zwanzig bis dreißig Aktien pro Land

Als ich mit den Messungen nach dieser Methode begann, konnte ich nur die Aktien nehmen, die in der Zeitung standen. Aus den sechziger Jahren blieb mir bei den Ausländern gar keine große Auswahl. Ich hatte alte Ausgaben der FAZ zur Verfügung, und so nahm ich denn, was mir geboten wurde. Später war die Auswahl reichlicher. Aber es müssen nicht sehr viele Aktien sein; 30 marktbreite Aktien (z. B. die Aktien des DAX bzw. des Dow-Jones-Index) reichen völlig aus. Nimmt man zu viele Nebenwerte hinzu, besteht die Gefahr, daß man seine Lieblingswerte auswählt, und die können das Gesamtergebnis verzerren, weil sie nicht der durchschnittlichen Kursentwicklung entsprechen.

4. Häufigkeit der Messungen

Zwei Messungen pro Monat (gewöhnlich zu Monatsmitte und Monatsende) reichen aus. Wir wollen ja mittelfristige Trends (sechs bis 24 Monate) und nicht Tages- oder Wochenschwankungen festhalten. Am besten gewöhnt man sich daran, immer dieselben Zeitpunkte zu nehmen, zum Beispiel den 15. und den 30. des Monats. Dann kann man nicht manipulieren, indem man je nach Wunsch für die Messung besonders starke oder schwache Tage wählt.

Reiht man die zweimal monatlich gemessenen Werte aneinander, gewinnt man eine Kurve, die bestimmte Schlußfolgerungen ermöglicht, wie noch zu erläutern sein wird.

5. Warum ein halbes Jahr?

Ich habe seit den siebziger Jahren mit unterschiedlichen Zeiträumen experimentiert. Die Halbjahresvergleiche ermöglichten die klarsten Aussagen. Es mag mit dem menschlichen Gedächtnis zusammenhängen, daß gerade nach rund sechs Monaten Trends oft kippen.

Plausibel war es auch, zu messen, wieviel Prozent der Aktien über ihrem 200-Tage-Durchschnitt liegen. Gegenüber dem Halbjahresvergleich hat dies den Vorteil, daß der sogenannte »Basiseffekt« wegfällt: Beim Halbjahresvergleich beeinflussen die Verschiebungen der Kurse vor sechs Monaten die Prozentzahl ebensosehr wie die aktuellen Kursbewegungen. Wer mit Computer arbeitet, wird aus diesem Grund wohl die 200-Tage-Methode bevorzugen. Die Sechsmonatsvergleiche, die für den Praktiker ohne Computer leichter durchzuführen sind, bieten jedoch Signale in fast genau derselben Qualität.

6. Zufällige Tagesschwankungen ausschließen

Was ist, wenn meine Messung zufällig an einem extrem schwachen oder starken Börsentag stattfindet? Verfälscht das nicht meine Messung und damit meine Signale?

Das ist ein wichtiger Punkt, den ich gegenüber den ersten sechs Auflagen des »Aktien-Berater« seit 1988 konsequent beachte. Ich unterscheide jetzt zwischen »ungeglätteten« und »geglätteten« Werten.

Wenn ich zum Beispiel »ungeglättet« am 15.7.93 bei US-Aktien einen Wert von 71 Prozent ermittle, am 30.7. 66 Prozent, und am 15.8. 61 Prozent, dann errechnet sich der »geglättete Wert« vom 15.8. wie folgt: (71 + 66 + 61) : 3 = 66. Das ist eine Art »Sechswochenglättung« und verhindert Zufallsschwankungen.

Ich trage in die Kurve nur die *geglätteten* Werte ein, die sich aus drei Einzelmessungen zusammensetzen. Die beabsichtigten Signale kommen trotzdem noch zeitig genug.

7. Währungsschwankungen einbeziehen?

Früher habe ich mit Hilfe des Computers mit einem »Devisen-quotienten« die Kurse bei allen Ländern in Dollarkurse umge-rechnet. Seit der Einführung des Euro hat sich dies jedoch erle-digt. Dollar und Euro sind etwa gleich starke Währungen, und es ist nicht mehr gerechtfertigt, die Kursschwankungen nur aus der Brille des US-Anlegers zu betrachten.

Am einfachsten wird es künftig sein, die jeweiligen Kurse in *Landeswährung* zu vergleichen, in Europa also auf Euro-Basis, US-Aktien auf Dollar-Basis, japanische Titel auf Yen-Basis.

Länder, die dem Euro nicht oder noch nicht angeschlossen sind, können Sie ebenfalls auf Basis der Landeswährung betrach-ten. So groß sind die Abweichungen zur Dollar- oder Euro-Basis nicht, daß es sich lohnen würde, deswegen ein kompliziertes Umrechnungsverfahren in Angriff zu nehmen.

8. Sechs Phasen

Wenn eine Halbjahresvergleichskurve »ideal« verläuft, dann kann man sechs Phasen unterscheiden:

Phase 1:
Aus der Baisse heraus erster Versuch einer Aufwärtsbewegung. Noch ist unklar, ob die Baisse schon überwunden ist. Meist kommt es nochmals zu einem Rückschlag (z. B. Deutschland 1974). Die Kurve steht zwar Ende 1974 nicht so weit unten wie zu Jahresbeginn. Aber die Kurse waren tatsächlich weit tiefer. Denn der Halbjahresvergleich erfolgte ja jetzt von einer viel niedrigeren Kursbasis aus.

In den USA 1984 gab es in der Phase 1 keine neuen Tiefkurse mehr. Die Kurve kletterte bis 60 Prozent und fiel dann nur noch auf 50 Prozent zurück. Der weitere Anstieg brachte das Kaufsignal, das erfolgt, wenn der Rückschlag in Phase 1 beendet ist. Die Kurse beim Kaufsignal waren auch bei ca. 60 Prozent

Abbildung 28   Die »ideale« Halbjahresvergleichskurve

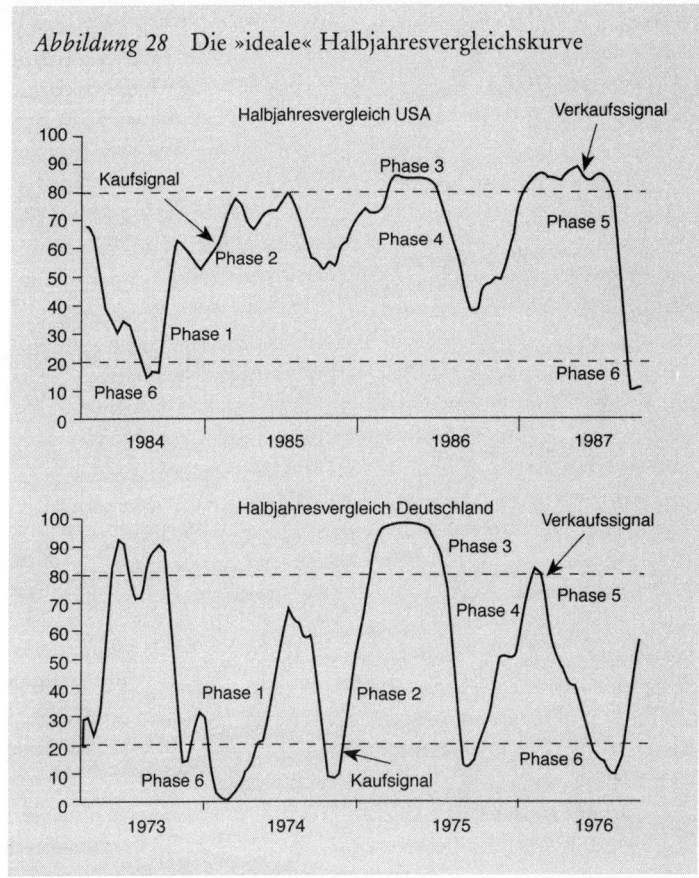

noch nicht allzu hoch, da als Vergleichsbasis die niedrigeren Kurse der Baisse dienten.

Phase 2:
Schließt sich unmittelbar an das Kaufsignal an. Gewöhnlich erklimmt die Kurve jetzt bald die 80-Prozent-Marke. Damit beginnt die Phase 3.

Phase 3:
Die Kurve befindet sich über der 80-Prozent-Marke. Die Hausse hat begonnen. Auch wenn die Kurve nicht mehr viel Platz nach oben hat, beginnen jetzt erst richtig die Kursgewinne.

Phase 4:
Diese Phase ist das Gegenstück zu Phase 1. Es kommt jetzt gewöhnlich zu einem ersten Rückschlag. Noch darf nicht verkauft werden, weil der nächste Aufwärtsschub wahrscheinlich nochmals neue Höchstkurse bringt. Daß die Kurve in Phase 4 so tief fällt, daß sie unter die 20-Prozent-Marke gerät (Deutschland 1975), ist selten. Der weitere Verlauf zeigte, daß Phase 4 nicht beendet war. (Ist man im Zweifel, in welcher Phase man sich befindet, ist ein Vergleich mit einem anderen Land sehr hilfreich.)

Phase 5:
Nach einem zweiten Rückschlag muß nun verkauft werden; damit beginnt Phase 5. Da die Kurven manchmal nur sehr kleine Bewegungen vollziehen, sollte definiert werden, um wieviel Prozent sich die Kurve nach unten bewegen muß, damit das Kriterium eines »zweiten Rückschlags« erfüllt ist. In der Praxis hat es sich bewährt, daß die Bewegung mindestens fünf Prozent betragen muß. Das war seinerzeit auch am 15.8.87 der Fall.

Phase 6:
Die Kurve ist unter 20 Prozent gefallen; die Baisse hat begonnen. Noch darf keinesfalls gekauft werden.

9. Gegenseitige Ergänzung der Länderkurven

Die Kurven einzelner Länder zeigen eine auffallende Parallelität, die noch stärker ausgeprägt ist als bei einem Vergleich der Indizes. Es kommt nur äußerst selten vor, daß ein Land einen Riesenaufschwung erlebt, während die anderen Länder Kursstürze verzeichnen.

Vielmehr gilt: Wenn es aufwärts geht, steigen alle mehr oder weniger, wenn es abwärts geht, sind alle zumindest in Mitleidenschaft gezogen.

Wunderschön sind die einheitlichen Doppelböden 1974, die die starke Hausse im Rezessionsjahr 1975 einleiteten. (Abb. 29 und 30).

Abbildung 29 Halbjahresvergleichskurven USA und Japan
1968–1975

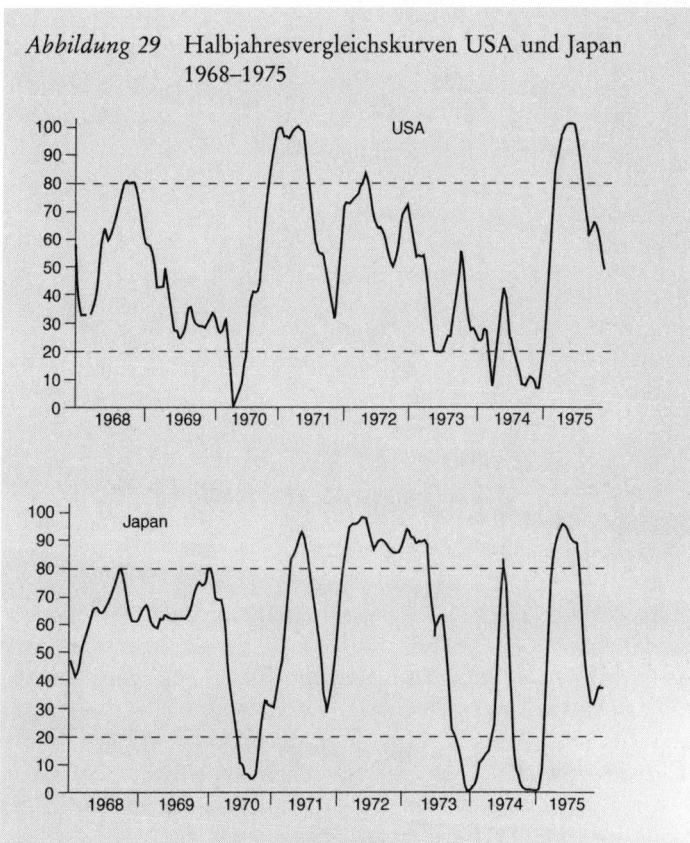

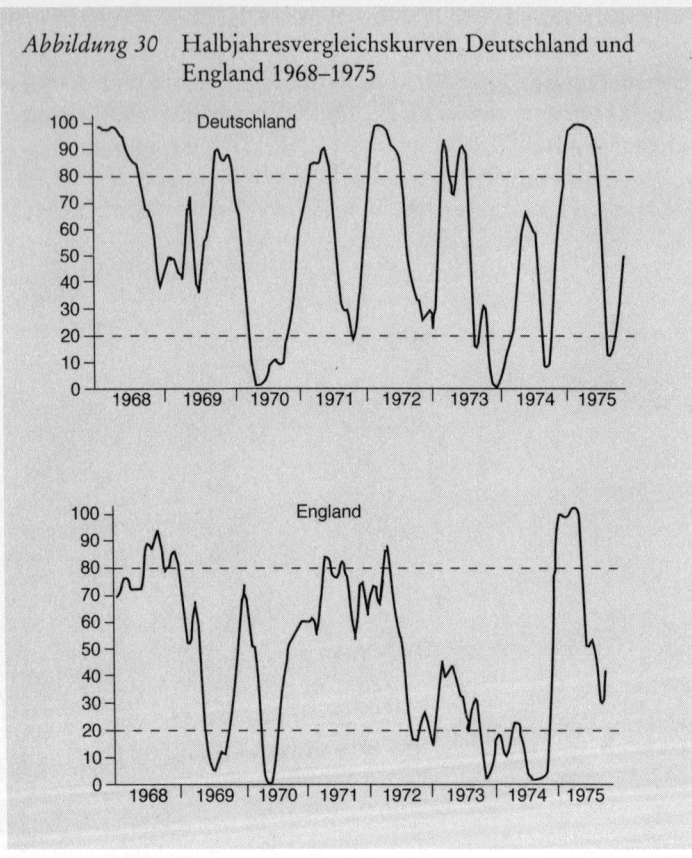

Abbildung 30 Halbjahresvergleichskurven Deutschland und
England 1968–1975

*Regel: Die Kauf- und Verkaufssignale nach der Halbjahres-
vergleichsmethode sind um so verläßlicher, je übereinstimmender
sie sind. Verlaufen die Kurven uneinheitlich, sollte man vorsichtiger sein und sich stärker an anderen Methoden orientieren (z. B.
an den Zinssignalen).*

Und eine weitere Regel sollte beachtet werden:

*Mißtrauen Sie allen Kurven, die keine ordentliche Baisse oder
keine ordentliche Wendeformation gebildet haben!*

Mitte 1988 sahen die Einstiegsmöglichkeiten nicht schlecht aus. Bis auf Japan kamen alle Kurven »von unten her«. Sie lagen deutlich unter 20 Prozent, also in der Baisse. Eine charakteristische Aufwärtsbewegung mit Rückschlag und erneuter Bewegung nach oben, die dann das Kaufsignal bildet, hatten beispielsweise England und Frankreich gezeigt.

Die Japan-Kurve allerdings hatte die Baisse 1987 überhaupt nicht mitgemacht und nun schon ihre siebte oder achte Spitze in der Hausse gebildet (Abb. 31).

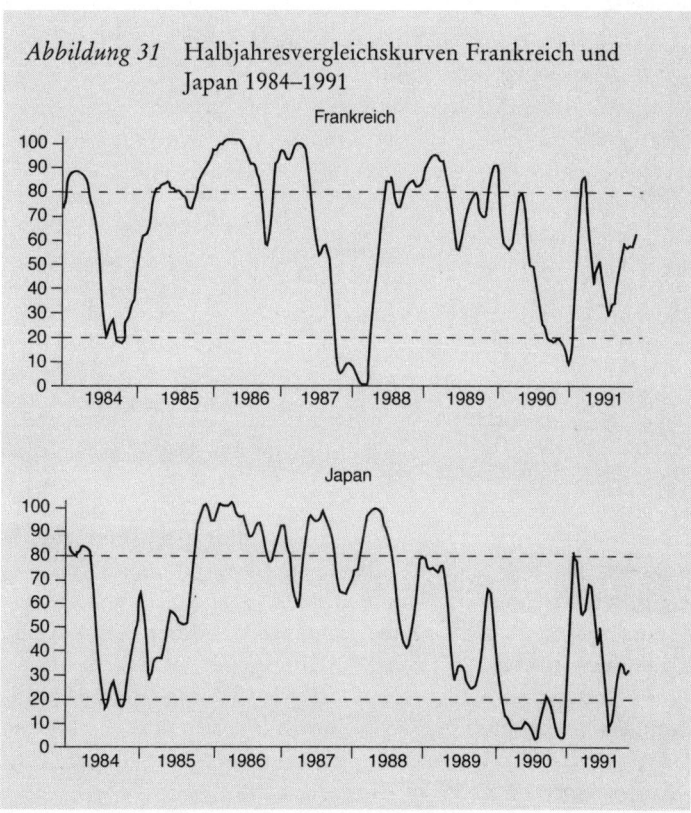

Abbildung 31 Halbjahresvergleichskurven Frankreich und Japan 1984–1991

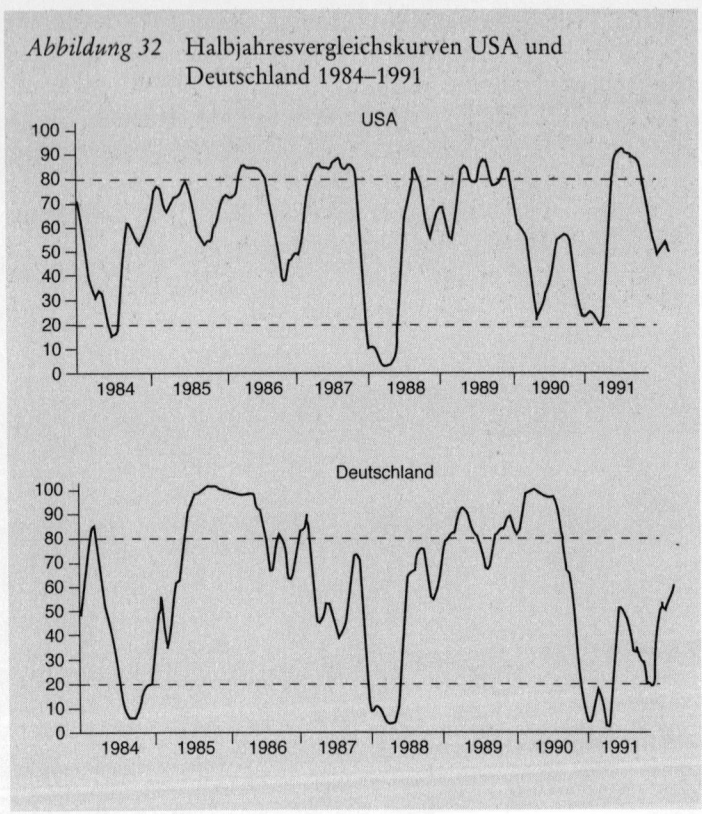

Abbildung 32 Halbjahresvergleichskurven USA und
Deutschland 1984–1991

Einerseits könnte man folgern: Diese Börse muß ungeheuer
stark sein, da muß man bevorzugt einsteigen!

Dennoch ist dies ein riskantes Spiel. Denn eine solch permanente Hausse ist nicht gesund, wenn die anderen Länder eine
klare Baisse erleben.

Die andauernde Japan-Hausse 1984–1989 war übrigens ma-
nipuliert, wie man heute weiß. Dies rächte sich aber erst in den
Jahren 1990–1993. Da zeigte dann Japan eine wesentlich schlechtere Performance als die anderen vier Länder.

Steigen Sie also am besten bei den Ländern ein, wo die Kurven am ehesten der »Ideallinie« (sechs Phasen) gefolgt sind. In diesem Beispiel 1988 wäre man also nicht in Japan, sondern in Frankreich eingestiegen – und dies mit gutem Erfolg.

10. Anwendungsbereich der Methode

Sie können diese Methode grundsätzlich für jedes Land anwenden; es sollten aber wenigstens ein Dutzend Aktien sein, auf die Sie Ihre Messungen stützen.

Abbildung 33   Halbjahresvergleichskurven Kanada und Australien 1990–1993

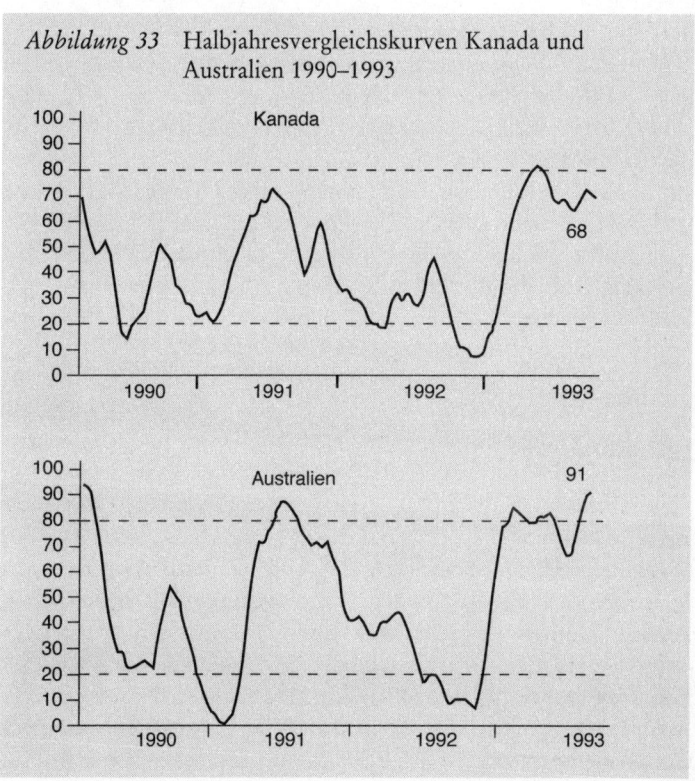

121

Nicht verschweigen möchte ich, daß sich für die Rohstoffländer Südafrika, Kanada und Australien in der Vergangenheit recht häufig Fehlsignale ergeben haben.

Das liegt vermutlich an dem andersartigen Konjunkturrhythmus bei den Rohstoffaktien (Gold, Nichteisenmetalle, Öl). Diese entfalten ihre Stärke meist etwas später als die übrigen Aktien, nämlich dann, wenn die Konjunktur sich langsam zu erholen beginnt, die Zinsen nicht mehr sinken und die Preissteigerungsraten wieder zunehmen.

In den Halbjahresvergleichskurven wirkt sich das so aus, daß diese nach der Baisse einen längeren Anlauf benötigen, ehe sie zur Hausse ansetzen. Die Hausse verläuft dann meist kürzer und der Sturz nach unten steiler.

Man kommt hier also mit dem üblichen Schema – Boden (Phase 6) → Welle (Phase 1) → Aufschwung (Phase 2) → Hausse (Phase 3) → Welle (Phase 4) → Abschwung (Phase 5) – meist nicht zurecht. Wenn ich trotzdem auch die Kurven dieser Rohstoffländer verfolge, dann in erster Linie zu Vergleichszwecken und zur Feststellung der momentanen Stärke dieser Länder.

Wenn beispielsweise die kanadische Kurve die US-Kurve zu überflügeln beginnt, sind wir bereits in dem fortgeschrittenen Stadium der Hausse, wo gewöhnlich Rohstoffaktien die Favoritenrolle bei den Aktienbranchen übernehmen.

11. Die überraschenden Kursstürze 1992, 1997 und 1998

Wer sich nur an der Bewegung der Anleihezinsen orientierte, erlebte 1992, 1997 und 1998 böse Überraschungen. Die deutschen Aktien fielen 1992 durchschnittlich noch einmal auf den tiefsten Stand von 1990 zurück, obwohl die US-Anleihezinsen im Sinken begriffen waren. Es waren die kurzfristigen Zinsen, die immer noch stiegen und damit auch das Währungsgefüge des EWS durcheinanderbrachten. Da kann die Börse durchaus einige Mo-

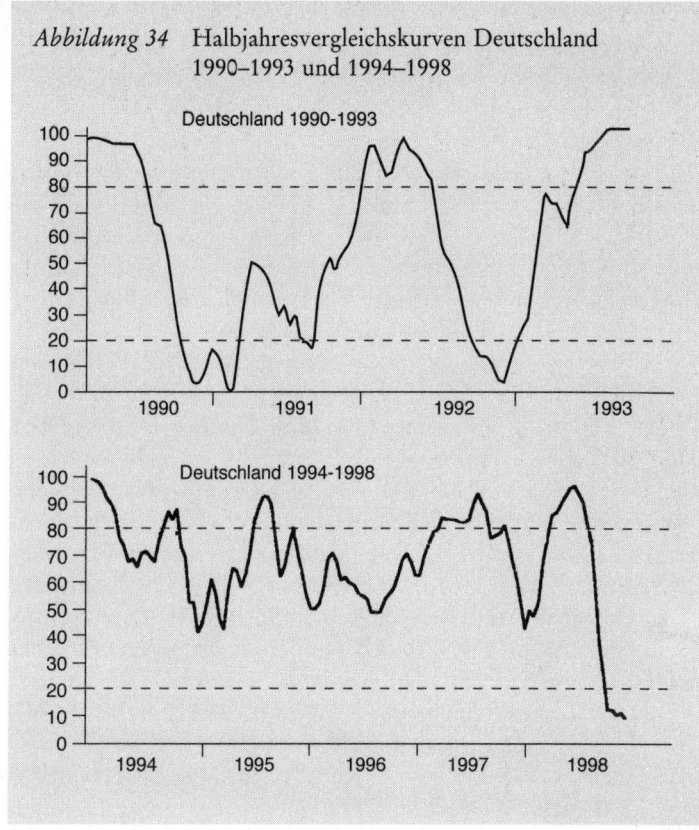

Abbildung 34 Halbjahresvergleichskurven Deutschland
1990–1993 und 1994–1998

nate sehr beleidigt reagieren, ehe sie wieder in »normalen« Bahnen verläuft und sich entsprechend dem Trend der Anleihezinsen bewegt.

Im Jahre 1997 wiesen die US-Zinsen ebenfalls nach unten und meldeten damit keine Gefahr. Noch schlimmer war es jedoch im Jahre 1998, als erstmals in diesem Jahrhundert die Aktienkurse trotz *weltweit* klar sinkender Zinsen regelrecht abstürzten.

Da es nur äußerst selten vorkommt, daß Aktien bei sinkenden Anleihezinsen fallen, war es um so wichtiger, daß es auch andere Signale gab, die vor der bevorstehenden Baisse warnten.

Hat nun die Halbjahresvergleichsmethode in diesen Jahren entsprechende Hinweise gegeben?

1992 konnte man sich über die Eindeutigkeit der deutschen Kurve wirklich nicht beklagen.

Auch in den Jahren 1997 und 1998 lieferten fast sämtliche Halbjahresvergleichskurven mehrfache Verkaufssignale durch Spitzen bei neunzig Prozent und darüber, denn die Märkte waren viel zu schnell und zu kräftig gestiegen.

Freilich bestand das Problem, daß die Methode bereits *seit 1996 immer wieder* vor den zu hohen Kursen warnte, es jedoch immer nur zu *kurzen Korrekturen* kam. Die Hausse setzte sich dann jedesmal weiter fort, obwohl weder eine europäische Kurve noch die US-Kurve vorher in den 20-Prozent-Bereich gefallen waren. Dies war unbefriedigend, denn wer glaubt noch einem Verkaufssignal, das sich durch weitere neue Höchstkurse wiederholt als Fehlsignal erweist? Hier zeigte sich der Nachteil einer Methode, die mit immer wiederkehrenden Wellen in bestimmten Abständen rechnet. Zieht sich eine Aufwärtsbewegung über mehrere Jahre hin, dann kommen die Verkaufssignale zu früh.

Andererseits wies die Methode schon vor 1998 auf die erheblichen Gefahren hin, die den Weltbörsen aufgrund der Finanzblase drohten. Wer die letzten Kurssteigerungen der Jahre 1997 und 1998 nicht mitmachte, hat es in den Novembermonaten 1997 und 1998 jedenfalls nicht bereut, weil er immer wieder günstigere Einstiegsmöglichkeiten erhielt. Ende 1998 waren alle Halbjahresvergleichskurven »unten«.

7. KAPITEL

DIE QUARTALREGEL

1. Zur Einführung

Bei meiner Suche nach einer einfachen Methode, um an einem Kursverlauf eine Trendwende zu erkennen, stieß ich auf die sogenannte »Quartalregel«. Sie wurde von William D. Gann, Autor von über einem Dutzend in den USA erschienenen Büchern, 1942 entwickelt.

Die Quartalregel ist in ihrer Einfachheit geradezu genial.

Sie suchen von Ihrer Aktie, Ihrem Aktienindex oder einem beliebigen anderen Wert, den Sie beobachten wollen, den Höchststand und den Tiefstand im letzten Quartal heraus. Befinden wir uns beispielsweise im Juli, so ermitteln Sie das Hoch und das Tief im zweiten Quartal; das sind die Monate April, Mai, Juni.

Und so lautet nun die einfache Quartalregel:

- *Wird der Vorquartalshöchststand übertroffen, gilt dies als Kaufsignal.*
- *Wird der Vorquartalstiefstand unterschritten, gilt dies als Verkaufssignal.*

Aber probieren wir die Quartalregel doch gleich an einem praktischen Beispiel aus; am DAX.

Wegen ihrer überdurchschnittlich häufigen Schwankungen eignen sich die Jahre 1990 bis 1993 als »Härtetest« für jede Methode sehr gut.

2. Die Quartalregel beim DAX 1990–1993

Wir wollen die Quartalregel auf zwei unterschiedliche Arten anwenden. Der Anleger A beobachtet den DAX an jedem Börsentag und handelt entsprechend.

Anleger B notiert sich nur die Freitag-Wochenschlußkurse des DAX, ohne sich um die Schwankungen von Montag bis Donnerstag zu kümmern.

Wir wollen auf diese Weise gleich testen, ob tägliche Kursbeobachtung nötig ist oder ob es genügt, sich einmal pro Woche mit Aktien zu beschäftigen.

		Anleger A	Anleger B
H = Quartalshöchststand		T = Quartalstiefstand	
K = Kaufsignal		V = Verkaufssignal	
1. Quart. 90	T:	1756,40 (Mi, 24.1.)	T: 1773,50 (Fr, 19.1.)
	H:	1968,50 (Fr, 30.3.)	H: 1968,50 (Fr, 30.3.)
2. Quart. 90	H:	1968,30 (Di, 3.4.)	H: 1947,80 (Fr, 6.4.)
	T:	1787,30 (Mi, 13.6.)	T: 1792,20 (Fr, 15.6.)

Im zweiten Quartal lagen die Hochs und Tiefs zwischen denen des ersten Quartals, so daß für jemand, der erst 1990 die Kurse notiert hätte, nicht erkennbar gewesen wäre, ob wir uns »mittelfristig« in einem Aufwärts- oder Abwärtstrend befanden.

Zur Information: Es lag ein Aufwärtstrend vor, der noch nicht gebrochen war.

3. Quart. 90	H:	1966,00 (Mi, 18.7.)	H: 1947,40 (Fr, 20.7.)
	V:	1740,90 (Mo, 6.8.)	V: 1749,30 (Fr, 10.8.)
	T:	1334,80 (Fr, 28.9.)	T: 1334,80 (Fr, 28.9.)

Das dritte Quartal 1990 brachte also ein Verkaufssignal, bei weitem nicht zum Höchststand, aber noch rechtzeitig vor den schlimmsten Kursverlusten. Anleger B hätte, obwohl er vier Tage länger warten mußte, sogar noch etwas günstiger verkauft als Anleger A.

	Anleger A	*Anleger B*
4. Quart. 90	T: 1369,40 (Do, 8.11.)	T: 1381,40 (Fr, 9.11.)
	H: 1522,40 (Fr, 14.12.)	H: 1522,40 (Fr, 14.12.)
1. Quart. 91	T: 1322,60 (Mi, 16.1.)	T: 1382,00 (Fr, 25.1.)
	K: 1531,19 (Fr. 15.2.)	K: 1531,19 (Fr, 15.2.)
	H: 1602,29 (Fr, 8.3.)	H: 1602,29 (Fr, 8.3.)

Das Kaufsignal am 15.2. kam für Anleger A und B gleichzeitig.

2. Quart. 91	T: 1538,62 (Di, 2.4.)	T: 1583,14 (Fr, 12.4.)
	H: 1715,80 (Di, 11.6.)	H: 1711,86 (Fr, 21.6.)
3. Quart. 91	T: 1497,93 (Mo, 19.8.)	T: 1605,64 (Fr, 26.7.)
	V: 1497,93 (Mo, 19.8.)	kein V-Signal
	H: 1655,64 (Di, 3.9.)	H: 1653,33 (Fr, 16.8.)

Der unerwartete Kurssturz am 19. August 1991 war der sogenannte »Gorbatschow-Crash«. Als in den nächsten Tagen deutlich wurde, daß der Putsch gegen Gorbartschow mißlungen war,
erholten sich die Kurse rasch auf das alte Niveau, so daß nur
Anleger A im unglücklichsten Moment verkaufte. Anleger B
verkaufte erst im vierten Quartal zu günstigerem Kurs:

4. Quart. 91	V: 1601,73 (Fr, 4.10.)	
	H: 1629,37 (Fr, 15.11.)	H: 1629,37 (Fr, 15.11.)
	T: 1539,62 (Mo, 23.12.)	T: 1543,19 (Fr, 20.12.)
1. Quart. 92	T: 1578,73 (Mi, 8.1.)	T: 1603,62 (Fr, 3.1.)
	K: 1667,50 (Mi, 15.1)	K: 1670,99 (Fr, 17.1.)
	H: 1764,80 (Do, 5.3.)	H: 1745,95 (Fr, 6.3.)

Das Kaufsignal am 15.1. bzw. am 17.1. für Anleger A und B
erfolgte praktisch fast zum gleichen Kurs.

2. Quart. 92	T: 1707,30 (Mi, 1.4.)	T: 1719,63 (Fr, 3.4.)
	H: 1811,57 (Mo, 25.5.)	H: 1803,22 (Fr, 29.5.)
3. Quart. 92	H: 1776,98 (Fr, 3.7.)	H: 1776,98 (Fr, 3.7.)
	V: 1702,66 (Fr, 17.7.)	V: 1702,66 (Fr, 17.7.)
	T: 1466,36 (Mi, 30.9.)	T: 1513,36 (Fr, 25.9.)

Und wieder, wie schon 1990 und 1991, erfolgte im dritten Quartal ein Verkaufssignal. Der Leser sollte dies aber nicht für die Regel halten; es ist ohnehin untypisch, in zwei oder drei Jahren hintereinander mehrmals eine Baisse oder Zwischenbaisse zu erleben. Zuletzt war dies 1970/71 der Fall gewesen.

4. Quart. 92	T: 1420,30 (Di, 6.10.)	T: 1439,66 (Fr, 9.10.)
	H: 1551,65 (Do, 19.11.)	H: 1548,25 (Fr, 13.11.)
1. Quart. 93	K: 1556,40 (Di, 5.1.)	K: 1587,44 (Fr, 22.1.)
	T: 1516,50 (Mi, 13.1.)	T: 1540,00 (Fr, 8.1.)
	H: 1717,40 (Do, 11.3.)	H: 1707,14 (Fr, 12.3.)

Wir können die Besprechung des Zeitraums 1990–1993 damit abschließen, denn bis Jahresende 1993 gab es kein Verkaufsignal mehr. Der DAX kletterte auf über 2200 Punkte.

3. Schlußfolgerungen aus den Quartalsignalen des DAX 1990–1993

Was mir an der Methode so gut gefällt, ist ihre Eindeutigkeit. Anders als bei Chartsignalen, wo man Linien an verschiedenen Punkten steiler oder weniger steil ansetzen kann, ist die Quartalregel klar und nicht interpretierbar. Das heißt nicht, daß sie unfehlbar ist: Den schlimmsten Reinfall gab es am 19. August 1991 beim »Gorbatschow-Crash« – sofern man die täglichen Kurse berücksichtigte.

Einen weiteren Vorteil hat die Quartalregel zum Beispiel gegenüber der 200-Tage-Methode: Es kann keine täglich wechselnden Signale geben, wie sie etwa durch wiederholtes Durchstoßen einer Trendlinie oder eines gleitenden Durchschnitts vorkommen können. Denn wenn der Vorquartals*tiefstand* unterschritten ist, benötigt man für ein Kaufsignal ein Überschreiten des *Höchststandes,* und das sind meist zehn Prozent oder mehr, die dann erst einmal überwunden werden müssen.

Auf jeden Fall ist daher die Quartalregel der Charttechnik vorzuziehen.

Unser Vergleich zwischen Anleger A und B kann ebenfalls recht klar beantwortet werden: Die Wochenschlußkurse genügen völlig. In den meisten Fällen hat die tägliche Beobachtung keinen zusätzlichen Gewinn gebracht – und einmal, am 19.8.1991, sogar einen herben Verlust.

Ohne dies gründlich getestet zu haben, bin ich sogar überzeugt, daß auch eine 14-Tage-Methode ebenso gute Ergebnisse bringen würde wie die Wochenschlußkurs-Methode. Sicher: Der Raster ist etwas gröber. Aber da Schwankungen der Kurse von einigen Tagen doch mehr oder weniger zufällig sind, kommt es vermutlich auf eine Woche nicht an.

Der große Nachteil der Methode liegt darin, daß man keine Chance hat, in der Nähe der Tiefst- und Höchstkurse zu kaufen bzw. zu verkaufen. Deshalb ist sie in dieser Form noch unbefriedigend. Wir werden aber gleich sehen, daß sich dies verbessern läßt.

4. Antizyklische Kaufsignale nach der Quartalregel

Der Mangel der Quartalregel beruht darauf, daß sie in ihrer Grundform wie die 200-Tage-Methode »prozyklisch« ist. Ich habe jedoch eine Möglichkeit entdeckt, sie auch »antizyklisch« zu nutzen. Und darin liegt ihr eigentlicher Pfiff.

Meine ergänzende Regel lautet:

Liegen alle wichtigen fünf Industrieländer – USA, Japan, Deutschland, England und Frankreich – nach der Quartalregel im Abwärtstrend, dann muß man am Ende des Quartals, in dem das letzte der fünf Länder ein Verkaufssignal gab, bereits **kaufen.**

Gibt ein Land bereits vor Ende des Quartals ein Kaufsignal, muß man es befolgen.

Dies mag nun sehr überraschend sein; hätte man doch eher angenommen, daß ein Abwärtstrend aller fünf Länder eine besonders zuverlässige »Trendbestätigung« sei. Aber man muß bedenken, daß eine Baisse schon recht weit fortgeschritten ist, wenn sie alle fünf Länder erfaßt hat, so daß die Wende nahe bevorsteht. Wartet man noch bis zum Quartalsende, dann kommt man sehr häufig gerade am Tiefpunkt zum Einstieg.

Überprüfen wir das wiederum am Beispiel der Jahre 1990 bis 1993 sowie 1997/98. Wir verwenden dabei nur die Wochenschlußkurse.

A. Die Baisse 1990 und der Einstieg Ende September

Der DAX hatte am 10.8. sein Verkaufssignal gegeben, der Dow-Jones-Index klingelte am 17.8. Und die Indizes von Japan (23.2.), England (6.4.) und Frankreich (6.7.) hatten zu diesem Zeitpunkt schon längst zum Ausstieg gemahnt. *Fazit: Kaufen am Ende des dritten Quartals!*

Der Kauf am Ende des 3. Quartals 1990 wäre durchweg ein Volltreffer geworden: Der DAX stand am Freitag, den 28.9.90 bei 1334,80 (nur vom 14.–16.1.91 wurden noch einmal geringfügig tiefere Kurse erreicht), der Dow-Jones-Index bei 2452,40 (Tief am 11.10. bei 2365,10), der französische CAC 40-Index stand mit 1491,76 ähnlich wie der DAX nahe seinem Tief. Und der britische Financial-Times-Index aus 30 Industriewerten erreichte am 28.9. mit 1536 Punkten exakt sein Jahrestief 1990. Dasselbe gilt für den japanischen Nikkei-Index mit 20.984 Punkten.

Daß zum Beginn eines neuen Quartals oft eine Wende am Aktienmarkt einsetzt, ist kein Zufall. Ich nehme an, dies hängt mit den Dispositionen der Großanleger zusammen, die sich nach ihren Abschlüssen für das vergangene Quartal zum Quartalsbeginn neu orientieren.

Vorher wird nicht gekauft, denn kein Großanleger möchte sich die Blöße geben, zum Quartalsende mit schwachen Aktien im Depot angetroffen zu werden.

B. Die Baisse 1991 und der Einstieg Ende Dezember

Die »Zwischenbaisse 1991« ging nicht sehr tief, aber doch so weit, daß sie in allen fünf Ländern Verkaufssignale nach der Quartalregel auslöste. Beim DAX geschah dies am 4.10., in den USA und England am 22.11., in Japan und Frankreich schließlich am 20.12. (nachdem es in beiden Ländern schon im Juli Verkaufssignale gegeben hatte, die dann im September bzw. Oktober wieder in Kaufsignale korrigiert worden waren).

Wäre man am 30.12.91 eingestiegen, dann in allen Fällen nur leicht oberhalb der Jahrestiefstände. Der DAX notierte beispielsweise 1577,98 Punkte, also ein wesentlich günstigerer Einstieg als beim prozyklischen Signal zum 17.1.92 bei 1670,99 Punkten.

Pech gehabt hätte man nur mit Japan; hier ging es nach einem ausgeglichenen ersten Quartal 1992 weiter abwärts.

C. Die Baisse 1992 und der Einstieg Ende Dezember

Das Jahr 1992 verlief fast ebenso wie 1991, nur daß es (mit Ausnahme der USA) in der Zwischenbaisse tiefer nach unten ging; die Tiefkurse von 1990 wurden teilweise noch unterboten.

Als erstes Land zeigte Japan wieder Schwächen. Ein prozyklisches Kaufsignal nach der Quartalregel gab es erst gar nicht. Gleich am 3. April wurde das Tief des ersten Quartals unterboten. Am 3.7. klingelte es in Frankreich zum Ausstieg, am 17.7. in Deutschland und am 24.7. in England. Der US-Dow-Jones-Index folgte zu Beginn des vierten Quartals (2.10.). Fazit: Ende Dezember 1992 hätte man wieder kaufen müssen.

Noch vor Quartalsende gaben übrigens England und Frankreich bereits wieder ein Kaufsignal. Und es war wichtig, diese Signale gleich zu befolgen; ein Abwarten bis Quartalsende hätte schlechtere Einstiegskurse gebracht:

| Fin. Times 30-Index | 23.10.92 | 1982 | 31.12.92 | 2185 |
| CAC 40-Index | 23.12.92 | 1821 | 31.12.92 | 1858 |

131

Vergleichen Sie auch die Indizes Deutschlands, der USA und Japans Ende Dezember 1992 mit den Zeitpunkten und Indexständen, zu denen man »regulär« prozyklisch hätte kaufen müssen:

DAX	30.12.92	1545	22.01.93	1587
Dow Jones	31.12.92	3301	05.02.93	3442
Nikkei-Index	30.12.92	16925	12.03.93	18038

D. Die scharfen Kurskorrekturen vom Oktober 1997 und August/September 1998

Nach den Höchstständen Ende Juli 1997 ging es zunächst im August, dann nochmals im Oktober 1997 steil bergab. Die Quartalregel gab Baisse-Signale zu folgenden Zeitpunkten:

Freitag, den 3. Oktober 1997: Japan meldet ein Quartaltief

Freitag, den 31. Oktober 1997: USA, Deutschland, England und Frankreich schließen sich an.

Schlußfolgerung: Ende Dezember 1997 muß gekauft werden.

Tatsächlicher Ablauf: Bis Ende März 1998 stiegen der DAX um 23 Prozent, der Dow-Jones-Index um 15 Prozent, der japanische Nikkei-Index um 13 Prozent, der französische CAC 40-Index um 32 Prozent und der britische Financial-Times-100-Index um 18 Prozent.

Im Sommer 1998 ergab sich eine ähnliche Situation wie 1997. Nach den Kursstürzen im August und September, als alle fünf Länder wieder Verkaufssignale gegeben hatten, mußte Ende September 1998 wieder gekauft werden. In der Tat zogen die Kurse im Oktober und November 1998 wieder steil an. Der Dow-Jones-Index lag bereits Ende November 1998 wieder auf seinem Jahreshöchststand vom Juli.

Unsere antizyklische Strategie hätte in den Jahren 1990 bis 1998 bei den Kaufsignalen also vollen Erfolg gehabt. Doch nicht immer erwiesen sich die antizyklischen Kaufsignale als so zuverlässig wie in den neunziger Jahren. Es gab Zeiten, in denen man schief gelegen hätte, wenn man ohne Beachtung des Zinstrends nur auf Grund der Quartalregel antizyklisch eingestiegen wäre.

Ich denke hier vor allem an die Zeit der ersten Ölkrise, November 1973. Alle Indizes zeigten nach der Quartalregel abwärts. Wer daraufhin Ende Dezember 1973 gekauft hätte, wäre schwer hereingefallen. Zwar passierte in der ersten Jahreshälfte 1974 noch nicht viel (»Seitwärtsbewegung« nennt man das). Mitte Mai 1974 gab Japan sogar ein Kaufsignal. Es blieb jedoch das einzige, und selbst hier wurde Mitte Juli schon wieder zum Ausstieg geläutet. Im August und September durchbrachen die Kurse weltweit alle Dämme nach unten; der Dow Jones fiel unter 600 Punkte.

Wir ziehen daraus die Lehre, daß der antizyklische Einstieg nach der Quartalregel möglichst auch durch sinkende Zinsen bestätigt sein sollte. Und der Zinstrend zeigte weltweit bis Oktober 1974 klar nach oben, während in unseren Beispielen aus den neunziger Jahren ein Kauf nach den Zinssignalen jeweils gerechtfertigt war.

Regel: Ein antizyklischer Einstieg nach der Quartalmethode (Kauf am Quartalende, wenn die fünf Börsen der USA, Deutschlands, Japans, Englands und Frankreichs noch im Abwärtstrend sind) ist nur dann mit wenig Risiko verbunden, wenn die Anleihezinsen weltweit im Sinken begriffen sind.

5. Antizyklische Verkaufssignale nach der Quartalregel

Können wir nun die Quartalregel umgekehrt auch zum Ausstieg nutzen, nachdem auch hier die Signale nach dem »prozyklischen Verfahren« oft zu spät kommen? Es wäre ja zum Beispiel unsinnig gewesen, am 31. Oktober 1997 noch zu verkaufen; von da ab ging es ja schon wieder aufwärts, wie wir gesehen haben! Ergibt sich also ein Verkaufssignal zum Quartalsende, wenn zuvor alle fünf Indizes Quartalshochs gemeldet haben?

Die Antwort lautet: Wenn alle fünf Länder Kaufsignale gegeben haben, dürfen wir auch am Quartalsende noch keinesfalls aussteigen! Eine Hausse zieht sich meist länger hin als eine Baisse. Wer etwa Ende März 1993 an allen Börsen verkauft hätte, weil sich seit Mitte März alle fünf Indizes im Aufwärtstrend befanden, hätte einen schlimmen Fehler begangen. Denn der schönste Teil der weltweiten Aktienhausse begann erst Mitte Mai 1993, und der DAX stieg um rund vierzig Prozent.

Es gibt jedoch eine andere Möglichkeit, nach der Quartalregel eine drohende Baisse zu erkennen. Als Beispiel nehmen wir hier die kritischen Zeitpunkte vor den Kursstürzen der Jahre 1997 und 1998.

Verfolgen wir zunächst einfach den Kursverlauf der fünf Indizes seit Juli 1997:

Datum	DAX	CAC 40	Fin. Times	D. Jones	Nikkei
4.7.1997	3946 H	2925 H	4807 H	7895 H	19968
11.7.1997	4074 H	2941 H	4799	7921 H	19875
18.7.1997	4131 H	2876	4866 H	7890	20249
25.7.1997	4368 H	3025 H	4851	8113 H	20390
1.8.1997	4336	3049 H	4899 H	8194 H	19804
8.8.1997	4342	2996	5031 H	8031	19604
15.8.1997	4077	2921	4865	7694	19326
22.8.1997	4090	2904	4901	7887	18650
29.8.1997	3919	2770	4817	7622	18229
5.9.1997	4073	2924	4994	7822	18650
12.9.1997	3796	2834	4848	7742	17966
19.9.1997	3983	2977	5023	7917	18058
26.9.1997	4135	2985	5226 H	7922	17995
3.10.1997	4266	3094 H	5330 H	8038	17647 B
10.10.1997	4164	2955	5227	8045	17377 B
17.10.1997	4049	2958	5271	7847	17478
24.10.1997	3981	2849	4970	7715	17364 B
31.10.1997	3753 B	2739 B	4842	7442 B	16459 B
7.11.1997	3715 B	2699 B	4764 B	7581	15857 B
14.11.1997	3676 B	2696 B	4741 B	7572	15083 B
21.11.1997	3941	2861	4985	7881	16722
28.11.1997	3972	2859	4831	7823	16636
5.12.1997	4191	2910	5142	8149	16424
12.12.1997	4061	2830	5045	7838	15904

Datum	DAX	CAC 40	Fin.Times	D. Jones	Nikkei
19.12.1997	4055	2822	5020	7756	15315
26.12.1997	4121	2871	5013	7679	14803 B
2.1.1998	4364 H	3040	5193	7965	15259
9.1.1998	4237	2919	5138	7580	14995
16.1.1998	4216	2976	5263	7753	16046
23.1.1998	4222	2966	5181	7700	16789
30.1.1998	4442 H	3172 H	5458 H	7906	16628
6.2.1998	4536 H	3216 H	5629 H	8189 H	17040
13.2.1998	4522	3187	5582	8370 H	16791
20.2.1998	4583 H	3262 H	5751 H	8413 H	16756
27.2.1998	4693 H	3421 H	5767 H	8545 H	16832
6.3.1998	4762 H	3483 H	5782 H	8569 H	17132
13.3.1998	4872 H	3540 H	5782	8602 H	17060
20.3.1998	5045 H	3688 H	5956 H	8906 H	16830
27.3.1998	5066 H	3810 H	5939	8796	16739
3.4.1998	5254 H	3932 H	6064 H	8983 H	15518
10.4.1998	5312 H	3894	6105 H	8994 H	16481
17.4.1998	5326 H	3861	5922	9167 H	15704
24.4.1998	5144	3783	5863	9064	16011
1.5.1998	5241	3880	6010	9147	15601
8.5.1998	5270	3906	5969	9055	15149
15.5.1998	5414 H	3990 H	5917	9096	15243
22.5.1998	5530 H	4049 H	5955	9114	15802
29.5.1998	5556 H	4041	5870	8899	15671
5.6.1998	5724 H	4185 H	5947	9037	15323
12.6.1998	5631	4050	5769	8834	15022
19.6.1998	5644	4027	5748	8712	15268
26.6.1998	5870 H	4215 H	5877	8944	15210
3.7.1998	5961 H	4304 H	5988	9025	16511 H
10.7.1998	6001 H	4256	5929	9105	16090
17.7.1998	6147 H	4388 H	6174 H	9337 H	16571 H
24.7.1998	6035	4205	5892	8937	16362
31.7.1998	5900	4177	5837	8883	16379
7.8.1998	5581	4041	5680 B	8598 B	15829
14.8.1998	5447	3994	5483 B	8425 B	15124
21.8.1998	5163	3943	5477 B	8533	15298
28.8.1998	4993 B	3709 B	5249 B	8051 B	13916 B

In der vorhergehenden Tabelle können Sie die Freitag-Kurse der Indizes aus den genannten fünf Ländern verfolgen. Die Zeichen H und B bedeuten Hausse- und Baisse-Signale nach der Quartalregel, also neue Quartalhochs bzw. Quartaltiefs.

Brauchbare weltweite Verkaufssignale erhalten wir nach folgender Methode:

Wenn alle fünf Indizes Hausse-Signale gemeldet haben und das erste der fünf Länder ein Baisse-Signal liefert, während keines der übrigen vier zum gleichen Zeitpunkt nochmals ein neues Hoch meldet, dann sollte man bereits in allen Ländern verkaufen.

Welche Ergebnisse in den Jahren 1997 und 1998 mit dieser Regel erzielt worden wären, können sie an der Tabelle ablesen:

Wir hätten am 10. Oktober 1997 aufgrund des japanischen Baisse-Signals verkaufen müssen (nicht schon am 3. Oktober, denn da meldeten Frankreich und Großbritannien noch neue Hochs). Damit wären wir fast zu einem optimalen Zeitpunkt ausgestiegen und hätten den Kurssturz Ende Oktober nicht mitgemacht.

Im Jahre 1998 wäre der Ausstieg wegen der plötzlich einsetzenden Baisse zwar erst am 7. August und somit etwas spät erfolgt (Baisse-Signale der USA und Großbritanniens), aber die schlimmsten Kursstürze, die noch folgten, hätten wir wenigstens nicht mitgemacht.

8. KAPITEL

DIE AUSWAHL VON AKTIEN UND BRANCHEN ZU BEGINN EINER HAUSSE

1. Zur Einführung

Eines der schwierigsten Probleme für den Anleger ist die Qual der Wahl. Die günstigen Zeitpunkte zum Ein- und Ausstieg sind mit Hilfe der bisher besprochenen Methoden sehr viel leichter zu finden als die richtigen *Aktien*. Nichts ist frustrierender für den Aktionär, als miterleben zu müssen, wie fast alles steigt – nur die Papiere, die man selbst gekauft hat, nicht.

Daß das Betrachten von Kurs-Gewinn-Verhältnissen wenig nützlich ist, wurde schon erwähnt. Außerdem sollten Sie sich nicht nach »Meinungen von Experten« richten, die in irgendeiner Zeitung oder Zeitschrift veröffentlicht werden. Vielleicht dient diese Veröffentlichung gerade dem Zweck, Sie zum Kauf zu bewegen – weil andere die Aktie gern zu einem guten Preis loswürden.

Mein Vorschlag:

Achten Sie einerseits zwar darauf, daß Sie gerade zu Beginn einer Hausse nur Aktien von erstklassigen, guten Unternehmen kaufen.

Richten Sie sich aber in Ihrer Auswahl stets nach der Relativen Stärke!

Ich habe Ende der siebziger Jahre ein Verfahren entwickelt, mit dessen Hilfe Sie sehr rasch erkennen können, welche Aktien von Großanlegern gezielt gekauft werden: die sogenannten Relative-Stärke-Listen (RS-Listen), die ich alle zwei Wochen in meinem Informationsbrief *Börsensignale* neu errechne.

Die Berechnung erfolgt nach folgendem System: Denken wir uns einen Anleger, der vor 15 Monaten 100 Euro besessen hätte. Nehmen wir weiter an, es sei möglich gewesen, diese 100 Euro verteilt auf 15 Monate bis heute in gleichbleibenden Beträgen spesenfrei in einer Aktie anzulegen (in der Praxis ginge das natürlich nicht, aber rechnerisch tun wir so, als könnte man auch Bruchteile von Aktien erwerben).

Unsere Frage lautet nun: Wieviel Euro besäße er heute, wenn er seine Aktienanteile spesenfrei verkaufen könnte?

Mit anderen Worten: Ich errechne die Stärke einer Aktie aus dem Vergleich des heutigen Kurses mit dem arithmetischen Mittel der Kurse der letzten fünfzehn Monate. Indem ich jetzt die Euro-Kurse auch für amerikanische und asiatische Aktien verwende, sorge ich dafür, daß der Vergleich einheitlich auf Euro-Basis erfolgt. Damit sind die Relative-Stärke-Zahlen aller Aktien der Welt miteinander vergleichbar.

Lautet die Stärke der Aktie 100, dann hat sich ihr Kurs also im Schnitt zu den letzten 15 Monaten nicht verändert. 90 heißt: die Aktie hat im Schnitt um zehn Prozent eingebüßt. 120 bedeutet: im Schnitt um zwanzig Prozent dazugewonnen.

Von einer *relativen Stärke* sprechen wir nun insofern, als die Aktien jedes Landes in einer Rangfolge angeordnet werden. Die Platzziffer drückt die relative Stärke aus. Wir sehen auf den ersten Blick, welche Aktien stark und welche schwach sind.

Kritiker dieser Methode wenden gerne ein, der betrachtete Zeitraum sei zu lang. Das seien wertlose Statistiken der Vergangenheit. Nur die ganz aktuellen Vergleichszahlen ermöglichten Rückschlüsse auf die weitere Stärke einer Aktie.

Ich habe mich in den ersten sieben Auflagen des »Aktien-Berater« immer wieder bemüht, mit umfangreichem Zahlenmaterial aus den Jahren 1978 bis 1984 nachzuweisen, daß die von mir verwendete Berechnungsweise optimal ist. Es hat sich auch nach den

Erfahrungen des letzten Jahrzehnts nichts daran geändert. Zu kurzfristige Berechnungen bringen zu viele »Strohfeuer-Aktien« in die Spitzen der Listen, die durch bloße Informationspolitik von interessierter Seite hochgejubelt werden. Es ist ein längerer Betrachtungszeitraum notwendig, um zu erkennen, welche Aktien von den Großanlegern wirklich nach und nach gekauft werden.

Auf einen weiteren Einwand möchte ich auch gleich eingehen: Starke Aktien seien einfach schon zu teuer, wenn sie an die Spitze der Liste gelangt seien. Man müsse sie vorher kaufen, solange sie noch billig seien.

»Vorher« sieht man es leider nicht. Aber der Einwand trifft ja wohl kaum auf den *Begin* einer Hausse zu. Da sind ja alle Aktien billig. Sicher bekommt man die starken Aktien auch da schon nicht mehr zum Tiefstkurs – sonst würde man sie ja nicht als stark erkennen. Aber noch sind sie preiswert genug.

Problematisch ist es natürlich, im späteren Verlauf einer Hausse noch nach der relativen Stärke zu kaufen, wenn sich die starken Aktien schon im Kurs verdoppelt haben. Da lohnt sich dann nur noch das Suchen nach sogenannten »Turn-around«-Aktien, deren Unternehmen sich nach einem drohenden Konkurs wieder erholt haben und auch noch nach Kursverdoppelungen von früheren Höchstkursen weit entfernt sind.

Im allgemeinen sollte aber ein Anleger nicht immer wieder im Laufe einer Hausse noch dazukaufen. Er sollte genügend Mut haben, *am Anfang der Hausse*, wenn alle Experten noch sehr vor Käufen warnen, die stärksten Aktien zu kaufen. Und dann braucht er nur noch Geduld und die nötige Distanz und Gelassenheit gegenüber den täglich wechselnden Ereignissen und Meinungen.

2. Relative-Stärke-Listen Ende Dezember 1990

Aber nun zur Praxis. Wir wählen als Beispiel absichtlich einen Zeitpunkt, von dem angenommen werden kann, daß er weit genug zurückliegt, daß auch die geübten Börsianer nicht mehr so genau wissen, welche Aktien und Branchen damals die Favoriten waren. Wir nehmen das Jahresende 1990, als man nach Maßgabe der Zinssignale sowie der Halbjahresvergleichs- und der Quartalregel wieder kaufen durfte. Und Sie dürfen anschließend gleich testen, ob Sie die »richtigen« Aktien ausgewählt hätten.

Um dem möglichen Vorwurf zu begegnen, ich würde die Aktienauswahl manipulieren (d. h. gezielt Aktien auswählen, damit das Ergebnis nach den RS-Listen wie gewünscht ausfällt), gelten folgende Kriterien:

Für den US-Markt nehmen wir die 30 Dow-Jones-Aktien, für den deutschen die 30 DAX-Aktien, im Falle Englands, Frankreichs und der Schweiz die Werte, die an deutschen Börsen gehandelt werden und die gleichzeitig zu den größten 500 europäischen Unternehmen gehören.

Aus den vielen japanischen Aktien, die formal in Deutschland notiert werden, wählen wir nur diejenigen aus, die an deutschen Börsen wirklich breit gehandelt werden.

Relative Stärke 30.12.1990

USA

1.	Philip Morris	Nahrung, Genuß	115,62
2.	Morgan J.P.	Bank	111,42
3.	Coca Cola	Nahrung	109,87
4.	Procter & G.	Haushalt	109,82
5.	Merck	Pharma	109,33
6.	IBM	Computer	107,35
7.	Chevron	Öl	104,47
8.	Exxon	Öl	103,64
9.	Texaco	Öl	102,74
10.	Minnesota	Handel	102,21
11.	Eastman Kod.	Photo	101,08
12.	Intern. Paper	Papier	98,53
13.	Boeing	Flugzeuge	95,69
14.	Woolworth	Kaufhaus	92,70

15.	DuPont	Chemie	91,46
16.	United Techn.	Triebwerke	85,93
17.	Gen. Electric	Elektro	84,52
18.	Caterpillar	Baumaschinen	84,79
19.	Alcoa	Aluminium	83,79
20.	Disney	Freizeit	84,47
21.	McDonald's	Imbißkette	81,64
22.	Bethl. Steel	Stahl	81,26
23.	Union Carb.	Chemie	80,10
24.	Allied Signal	Elektronik	78,94
25.	Westinghouse	Elektro	76,94
26.	Gen. Motors	KFZ	76,40
27.	ATT	Fernmeldetechn.	71,50
28.	Sears Roeb.	Kaufhaus	69,71
29.	Am. Express	Finanzdienstl.	63,10
30.	Goodyear	Reifen	52,95

Deutschland

1.	Viag	Energie, Chemie	100,37
2.	Schering	Pharma	96,40
3.	Karstadt	Kaufhaus	96,10
4.	Henkel	Haushalt	93,64
5.	Allianz	Versicherung	93,15
6.	Linde	Maschinen	92,49
7.	Bay. Ver. Bk.	Bank	92,41
8.	RWE	Energie	90,71
9.	Dresdn. Bk.	Bank	90.00
10.	Siemens	Elektro	88,74
11.	Comm. Bk.	Bank	87,87
12.	MAN	Maschinen	85,18
13.	Bayernhypo	Bank	84,74
14.	Bayer	Chemie	82,80
15.	Hoechst	Chemie	82,71
16.	Dtsch. Bk.	Bank	81,17
17.	VEBA	Energie, Chemie	80,14
18.	Mannesmann	Maschinen	79,27
19.	BASF	Chemie	78,44
20.	Preussag	Metalle	78,14

21.	BMW	KFZ	76,32
22.	Kaufhof	Kaufhaus	76,20
23.	Metallges.	Metalle	76,11
24.	Thyssen	Stahl, Maschinen	74,00
25.	Daimler	KFZ	73,74
26.	Conti	Reifen	73,17
27.	Dt. Babcock	Maschinen	69,68
28.	Lufthansa	Fluglinien	66,56
29.	Degussa	Metalle, Chemie	65,90
30.	VW	KFZ	64,68

Japan

1.	Yamanouchi	Pharma	95,19
2.	Shiseido	Kosmetik	91,76
3.	Komatsu	Baumaschinen	84,98
4.	Hitachi	Elektro	83,04
5.	Toyota	KFZ	79,88
6.	Honda	KFZ	79.60
7	Matsushita	Elektro	79,59
8.	Canon	Opt. Geräte	76,79
9.	Nippon Steel	Stahl	76,76
10.	NEC	Chips, Elektronik	74,22
11.	Sony	Elektro	73,28
12.	Fujitsu	Computer	73,26
13.	Nomura	Finanzdienstl.	72,86
14.	Sekisui House	Immobilien	71,10
15.	Daiwa Sec.	Finanzdienstl.	70,94
16.	Olympus Opt.	Opt. Geräte	70,12
17.	Mitsub. Heavy	Maschinen	69,65
18.	Kaw. Steel	Stahl	69,33
19.	Pioneer	Elektro	69,26
20.	Nikko Sec.	Finanzdienstl.	69,06
21.	Toshiba	Chips, Elektronik	67,14
22.	Alps Electr.	Elektro	64,29
23.	Nissan	KFZ	62,52

England

1.	Sm K. Beech.	Pharma	125,24
2.	Fisons	Pharma	121,49
3.	Glaxo	Pharma	119,76
4.	Bowater	Papier	116,40
5.	BP	Öl	116,34
6.	Brit. Gas	Gas	114,05
7.	Brit. Telecom	Fernmeldetechn.	107,25
8.	Cadbury-Sch.	Nahr., Getränke	104,47
9.	Thorn Emi	Elektro	101,25
10.	Cable/Wirel.	Fernmeldetechn.	94,85
11.	BAT	Nahrung, Genuß	93,12
12.	Nat. Westmin.	Bank	92,99
13.	Gen. Electr.	Elektro	92,81
14.	Forte	Hotelkette	92,32
15.	Hanson	Bergbau, Baumat.	91,40
16.	Pilkington	Bau, Baustoffe	90,63
17.	GKN	Maschinen	88,96
18.	ICI	Chemie	87,40
19.	RTZ	Metalle	86,52
20.	BTR	Bau, Baustoffe	83,43
21.	Wellcome	Chemie, Pharma	73,87
22.	Brit. Airways	Fluglinien	73,82
23.	Reuters	Nachrichtenag.	71,21

Frankreich

1.	Elf Aquitaine	Öl, Chemie	110,56
2.	L'Oréal	Kosmetik	106,28
3.	Alcatel A.	Elektro	104,46
4.	Carrefour	Supermärkte	103,41
5.	BSN	Nahrung	101,56
6.	Thoms. CSF	Elektr. Bauteile	96,89
7.	Air Liquide	Industriegase	95,93
8.	Lafarge	Baustoffe	83,62
9.	Sanofi	Chemie	79,10
10.	LVMH	Luxusartikel	78,20
11.	Soc. Générale	Bank	77,78

12. Accor	Hotelkette	77,66
13. Créd. Comm.	Bank	76,28
14. Pernod-Ric.	Spirituosen	76,24
15. Bouygues	Bau	73,77
16. Paribas	Bank	70,54
17. Suez	Bank	70,22
18. Peugeot	KFZ	67,78
19. Saint Gobain	Glas, Baustoffe	65,42
20. Michelin	Reifen	57,99

Schweiz

1. Roche Hold.	Pharma	112,00
2. Schwz. Rück	Versicherung	97,42
3. Nestlé	Nahrung	96,91
4. Winterthur	Versicherung	96,69
5. Zürich Vers.	Versicherung	95,40
6. Bankverein	Bank	91,58
7. Sandoz	Pharma, Chemie	90,35
8. Schindler	Aufzüge	84,88
9. BBC	Elektro	82,65
10. Bankgesell.	Bank	82,52
11. Ciba Geigy	Chemie, Pharma	80,24
12. Holderbank	Baustoffe	75,52
13. Alusuisse	Aluminiumhandel	74,24
14. Sulzer	Maschinen	68,69
15. CS Holding	Bank	67,77
16. Adia	Zeitarbeitsverm.	57,26
17. Oerlikon-B.	Wehrtechnik	52,79

3. Die Auswahl nach Branchen

Eine Aktienauswahl ausschließlich nach Branchengesichtspunkten ist nicht unproblematisch. Denn erstens sind viele Unternehmen in mehreren Branchen tätig. Zweitens kommt es innerhalb der einzelnen Branchen doch sehr darauf an, wie ein Unterneh-

men geführt wird. Besonders deutlich wird dies bei Mode-
artikeln oder Kaufhäusern; da sagt ein guter RS-Platz eines Unternehmens wenig über die Chancen der anderen aus.

Dennoch ist ein weltweiter Vergleich der Branchen durchaus
hilfreich, wie Sie bald sehen werden. Dazu sollten Sie zunächst
noch einmal zurückblättern und nachsehen, welche Aktien welcher Branchen Ende 1990 auf den vorderen Plätzen zu finden
waren, welche sich im Mittelfeld tummelten und welche ziemlich
vernachlässigt auf den hinteren Plätzen lagen.

Achten Sie vor allem auf folgende Branchen: KFZ, Reifen,
Banken, Versicherungen, Bau und Baustoffe, Elektro/Elektro-
nik, Maschinenbau, Computer, Stahl, Chemie, Pharma, Kosmetik, Nahrungs- und Genußmittel, Fluglinien.

Haben Sie zurückgeblättert? Dann haben Sie bemerkt, daß
es für folgende Branchen ziemlich schlecht aussah: KFZ, Reifen,
Bau- und Baustoffe, Stahl, Maschinenbau, Fluglinien.

Mittelplätze gab es zumeist für Banken, Elektro-, Computer-
und Chemiewerte. Gut im Rennen lagen Versicherungen sowie
Nahrungs- und Genußmittel. Top-Favoriten waren jedoch die
Pharma- und Kosmetikaktien.

Ein vorsichtiger Investor wird natürlich nie nur auf eine Branche setzen. Er wird in diesem Fall sicher schwerpunktmäßig
Pharmawerte auswählen, aber auch Aktien anderer Branchen ins
Depot nehmen. Innerhalb einer Branche werden die Aktien bevorzugt, die auf den vorderen Plätzen liegen.

Was hätten Sie Ende 1990 gekauft? Wählen Sie aus!

4. Ergebnislisten 1991

Wie haben nun die einzelnen Aktien im weiteren Verlauf wirklich abgeschnitten? Erwiesen sich tatsächlich die Spitzenbran-
chen und -aktien auch weiterhin als die Favoriten, und blieben
die »lahmen Enten« weiter hinten?

Man kann nun darüber streiten, welchen Zeitraum man zur
Überprüfung wählen soll. Die gekauften Aktien sollten sich ja min-

destens ein Jahr (bis zum Ende der Spekulationsfrist) bewähren, besser noch zwei Jahre. Denn jeder Umtausch kostet Bankspesen.

Andererseits können aufgrund neuer Unternehmenszahlen und neuer Analysen auch wieder neue Favoriten auftreten, so daß eine Kontrollzeit von zwei Jahren zu lang wäre. Ich meine daher, daß ein Jahr gerade angemessen ist, um prüfen zu können, welche Aktien sich nun bewährt haben und welche nicht.

Der Einfachheit halber habe ich die Kursveränderung in Prozent in der jeweiligen Landeswährung gemessen.

Kursveränderungen 1991 (in %)

USA

1.	Goodyear	Reifen	+183,5
2.	Merck	Pharma	+ 86,0
3.	Coca Cola	Nahrung	+ 76,9
4.	Morgan J.P.	Bank	+ 58,7
5.	Philip Morris	Nahrung, Genuß	+ 55,3
6.	Allied Signal	Elektronik	+ 55,3
7.	Sears Roeb.	Kaufhaus	+ 45,7
8.	Gen. Electric	Elektro	+ 35,4
9.	Intern. Paper	Papier	+ 34,1
10.	McDonald's	Imbißkette	+ 32,8
11.	ATT	Fernmeldetechn.	+ 31,5
12.	DuPont	Chemie	+ 29,0
13.	Union Carb.	Chemie	+ 20,0
14.	Exxon	Öl	+ 19,9
15.	Eastman Kod.	Photo	+ 17,0
16.	Disney	Freizeit	+ 13,4
17.	United Techn.	Triebwerke	+ 13,3
18.	Minnesota	Handel	+ 12,4
19.	Alcoa	Aluminium	+ 11,5
20.	Procter & G.	Haushalt	+ 9,8
21.	Boeing	Flugzeuge	+ 5,8
22.	Texaco	Öl	+ 3,4
23.	Bethl. Steel	Stahl	+ 0,9
24.	Am. Express	Finanzdienstl.	− 0,6

25.	Chevron	Öl	– 4,3
26.	Caterpillar	Baumaschinen	– 5,9
27.	Woolworth	Kaufhaus	– 12,0
28.	Gen. Motors	KFZ	– 15,7
29.	IBM	Computer	– 20,8
30.	Westinghouse	Elektro	– 36,5

Deutschland

1.	Lufthansa	Fluglinien	+ 42,9
2.	Daimler	KFZ	+ 35,2
3.	Bayer	Chemie	+ 29,4
4.	Bay. Ver. Bk.	Bank	+ 24,8
5.	Bayernhypo	Bank	+ 24,6
6.	BMW	KFZ	+ 22,4
7.	VEBA	Energie, Chemie	+ 20,5
8.	Preussag	Metalle	+ 15,1
9.	BASF	Chemie	+ 12,6
10.	Dtsch. Bk.	Bank	+ 12,3
11.	Schering	Pharma	+ 9,4
12.	Thyssen	Stahl, Maschinen	+ 8,2
13.	Comm. Bk.	Bank	+ 8,0
14.	Hoechst	Chemie	+ 6,7
15.	Siemens	Elektro	+ 6,6
16.	Karstadt	Kaufhaus	+ 5,9
17.	Viag	Energie, Chemie	+ 4,5
18.	RWE	Energie	+ 3,4
19.	Henkel	Haushalt	+ 2,8
20.	Allianz	Versicherung	+ 2,0
21.	Conti	Reifen	– 0,2
22.	Dt. Babcock	Maschinen	– 0,4
23.	Degussa	Metalle, Chemie	– 2,2
24.	MAN	Maschinen	– 3,3
25.	Kaufhof	Kaufhaus	– 4,6
26.	Dresdn. Bk.	Bank	– 5,8
27.	Mannesmann	Maschinen	– 6,3
28.	VW	KFZ	– 9,7
29.	Metallges.	Metalle	– 10,0
30.	Linde	Maschinen	– 12,3

Japan

1.	Olympus Opt.	Opt. Geräte	+ 34,3
2.	Honda	KFZ	+ 17,1
3.	Yamanouchi	Pharma	+ 16,9
4.	Canon	Opt. Geräte	+ 10,2
5.	Daiwa Sec.	Finanzdienstl.	+ 4,4
6.	Mitsub. Heavy	Maschinen	+ 4,2
7.	Sek. House	Immobilien	+ 0,0
8.	Pioneer	Elektro	− 2,2
9.	Alps Electr.	Elektro	− 4,7
10.	Shiseido	Kosmetik	− 5,4
11.	NEC	Chips, Elektronik	− 7,0
12.	Nikko Sec.	Finanzdienstl.	− 7,5
13.	Nomura	Finanzdienstl.	− 8,5
14.	Matsushita	Elektro	− 8,8
15.	Nissan	KFZ	− 9,7
16.	Toshiba	Chips, Elektronik	− 10,1
17.	Kaw. Steel	Stahl	− 12,9
18.	Toyota	KFZ	− 14,3
19.	Nippon Steel	Stahl	− 16,3
20.	Fujitsu	Computer	− 18,4
21.	Hitachi	Elektro	− 19,3
22.	Komatsu	Baumaschinen	− 22,7
23.	Sony	Elektro	− 29,8

England

1.	Wellcome	Chemie, Pharma	+154,3
2	Glaxo	Pharma	+107,3
3.	Brit. Airways	Fluglinien	+ 66,9
4.	Reuters	Nachrichtenag.	+ 49,7
5.	Sm. K. Beech.	Pharma	+ 45,2
6.	ICI	Chemie	+ 41,9
7.	Bowater	Papier	+ 39,0
8.	Cadbury-Sch.	Nahr., Getränke	+ 36,8
9.	Cable/Wirel.	Fernmeldetechn.	+ 32,8
10.	BTR	Bau, Baustoffe	+ 25,1
11.	Gen. Electr.	Elektro	+ 19,1

12.	Brit. Gas	Gas	+ 17,3
13.	Brit. Telecom	Fernmeldetechn.	+ 16,9
14.	RTZ	Metalle	+ 10,5
15.	Hanson	Bergbau, Baumat.	+ 10,1
16.	Thorn Emi	Elektro	+ 10,1
17.	BAT	Nahrung, Genuß	+ 8,7
18.	Nat. Westmin.	Bank	+ 4,9
19.	Forte	Hotelkette	− 5,7
20.	GKN	Maschinen	− 8,9
21.	BP	Öl	− 10,5
22.	Fisons	Pharma	− 11,6
23.	Pilkington	Bau, Baustoffe	− 20,8

Frankreich

1.	Michelin	Reifen	+ 83,5
2.	L'Oréal	Kosmetik	+ 53,9
3.	Sanofi	Chemie	+ 40,7
4.	BSN	Nahrung	+ 38,4
5.	Carrefour	Supermärkte	+ 38,2
6.	Elf Aquitaine	Öl, Chemie	+ 36,1
7.	Pernod-Ric.	Spirituosen	+ 32,4
8.	Thoms. CSF	Elektr. Bauteile	+ 29,4
9.	Soc. Générale	Bank	+ 24,2
10.	Saint Gobain	Glas, Baustoffe	+ 23,5
11.	LVMH	Luxusartikel	+ 20,3
12.	Bouygues	Bau	+ 20,2
13.	Peugeot	KFZ	+ 19,0
14.	Air Liquide	Industriegase	+ 13,0
15.	Créd. Comm.	Bank	+ 11,9
16.	Alcatel A.	Elektro	+ 5,6
17.	Lafarge	Baustoffe	+ 5,2
18.	Suez	Bank	+ 2,1
19.	Accor	Hotelkette	− 2,8
20.	Paribas	Bank	− 26,4

Schweiz

1.	Roche Hold.	Pharma	+ 39,2
2.	Sandoz	Pharma, Chemie	+ 35,4
3.	Bankgesell.	Bank	+ 34,6
4.	Ciba Geigy	Chemie, Pharma	+ 29,7
5.	Nestlé	Nahrung	+ 19,5
6.	CS Holding	Bank	+ 17,1
7.	Bankverein	Bank	+ 16,2
8.	Sulzer	Maschinen	+ 13,3
9.	Zürich Vers.	Versicherung	+ 8,0
10.	Holderbank	Baustoffe	+ 3,6
11.	Alusuisse	Aluminiumhandel	+ 2,6
12.	Winterthur	Versicherung	− 0,6
13.	Schwz. Rück	Versicherung	− 15,0
14.	BBC	Elektro	− 16,3
15.	Schindler	Aufzüge	− 27,3
16.	Oerlikon-B.	Wehrtechnik	− 43,8
17.	Adia	Zeitarbeitsverm.	− 53,8

5. Ergebnis der RS-Tests 1990/91

Pharma-, Kosmetik, Nahrungs- und Genußmittel-Aktien haben tatsächlich 1991 überdurchschnittlich gute Kursgewinne erzielt.

Aber wie Sie verfolgen konnten, ist die Börse immer wieder für Überraschungen gut. In England hat Wellcome, ein Pharmawert, der Ende 1990 noch weit hinten stand, sehr gut abgeschnitten, während Fisons aus derselben Branche überraschend abfiel.

Versicherungen haben in keinem Land zu den Favoriten gezählt, wie man noch Ende 1990 hätte annehmen können.

Außerdem sind plötzlich zwei neue Favoriten-Branchen aufgetaucht: Reifenhersteller und Fluglinien. Bei letzteren beruhte dies wohl auf einer Fehleinschätzung seitens der Großanleger, denn 1992 ging es hier wieder scharf abwärts. Aber dies zeigt, daß das Börsengeschehen niemals ganz geradlinig verläuft.

Wie kann sich der Anleger schützen, wenn eine seiner gekauften Aktien plötzlich schwach wird?

Tip: Befolgen Sie die Quartalregel! Verkaufen Sie eine Aktie, die unter ihr Vorquartalstief sinkt. Und kaufen Sie wiederum eine Aktie, die in den RS-Listen ganz oben zu finden ist, eventuell aus einer neu favorisierten Branche, die in Ihrem Depot noch nicht vertreten ist.

Letztlich muß das Ziel jedes Anlegers sein, das eigene Depot zu stärkeren Kursgewinnen zu führen, als der Index vorgibt. Auf die Dauer wird das aber nur gelingen, wenn man kleinere Schwankungen erträgt und nicht ständig kauft und verkauft. Wer hektisch jeden Kursgewinn mitnehmen will, anstatt die Gewinne laufen zu lassen, und wer jeder Aktie nachläuft, die gerade in aller Munde ist, wird nie auf einen grünen Zweig kommen.

9. KAPITEL

DER ERFOLGREICHE BÖRSIANER – EIN GEDULDIGER STRATEGE

1. Der richtige Kaufzeitpunkt

Wir begannen mit der Frage, ob man denn nicht einfach kaufen könne, wenn die Kurse »unten« sind, und verkaufen, wenn sie »oben« sind. Unser Beispiel war VW. Schon zu Beginn des 2. Kapitels habe ich darauf aufmerksam gemacht, daß es ein schwerer Fehler gewesen wäre, VW im Juli 1974 zu kaufen – obwohl da der niedrigste Kursstand war und der Käufer sogar Glück gehabt hätte. Allein die Tatsache, daß eine Aktie optisch niedrig notiert, macht sie noch nicht kaufenswert. Viele Anleger kaufen Aktien, deren Kurse sie als sehr günstig empfinden, obwohl der Baisse-Trend noch völlig intakt ist. Das stört sie nicht. »Das ist mir gleich, ob die Kurse noch ein wenig weiterfallen; irgendwo muß man ja sein Geld anlegen« sagte mir jemand 1979. Man ist von der guten Wirtschaftslage, die noch herrscht, beeindruckt, freut sich an den noch reichlich fließenden Dividenden und meint, die Aktien würden höchstens noch ein wenig weiterfallen. Daß die Nachrichten über das Wirtschaftsgeschehen wieder schlechter werden könnten, kann man sich in diesem Moment nicht vorstellen, obwohl sich die Konjunkturzyklen seit über 100 Jahren in gewohnter Regelmäßigkeit alle vier bis fünf Jahre wiederholen.

Wer eine fallende Aktie kauft, kann sich mit 95prozentiger Sicherheit darauf verlassen, daß sie weiter fällt. Danach wird man eigensinnig. »Wenn ich diese Aktie schon bei 90 für kaufenswert gehalten habe – und ich irre mich nie –, und da sind jetzt welche so dumm und verkaufen sie an der Börse für 80, dann nichts wie zugreifen!«

Spätestens, wenn die Aktie bei 60, 50 oder 40 notiert, dämmert es unserem Anleger, wer hier »der Dumme« war. Er hat die Aktie immer weiter gehalten, weil er der Überzeugung war, zum Verkauf sei es nun zu spät. Nach zwei Jahren nimmt er dann wahr, daß er unnötig viel Geld in eine Aktie gesteckt hat, die einfach nicht mehr steigen will.

Die Nachrichten über das Unternehmen sind inzwischen auch deprimierend. Er beobachtet, wie man bereits mit anderen Aktien schön verdienen kann. Endlich verliert er die Geduld, verkauft die Aktie und kauft eine andere, über die gerade viel geschrieben und geredet wird. Vielleicht hat er mit seinem Umtausch sogar recht, vielleicht hat er jetzt wirklich eine relativ »starke« Aktie gekauft. Aber er hat sich auch jetzt wieder nur nach seinem Gefühl gerichtet, nicht nach einer planmäßigen Strategie. Wenn er Pech hat, dann steigt seine alte Aktie gerade dann, wenn er sie soeben verkauft hat.

Neben diesem Anfängerverhalten gibt es einen weiteren Fehler, der gerade Börsenprofis oft unterläuft: in der Hausse nach angeblich zurückgebliebenen Werten Umschau zu halten. Am 6. Oktober 1978, als die Börse auf einem Höchststand war, der erst fünf Jahre später wieder erreicht wurde, empfahl ein Börsenberater (den ich fairerweise nicht nennen will) ausgerechnet die technisch schwächste deutsche Aktie AEG zum Kauf. Er tat das mit folgender Begründung: »Die Standardwerte dürften auf Grund verbesserter Konjunkturaussichten in 1979 sowie umfangreicher Auslandskäufe anziehen... Mitgezogen werden dürfte auch AEG. Analytisch ist zwar kein Grund für Kaufempfehlungen erkennbar. Markttechnisch ist aber zu berücksichtigen, daß hier kaum noch ein institutioneller Anleger engagiert ist...«

Der optisch niedrige Kurs von AEG im Verhältnis zu den hohen Kursen der Favoriten hatte den gewiß erfahrenen Börsenfachmann (von dem ich über die Bedeutung der Zinsen viel gelernt hatte) zu seiner unglücklichen AEG-Empfehlung gebracht. Im Jahre 1979 brach der Kurs der AEG-Aktie zusammen.

Ist das Handeln an der Börse eine Wissenschaft oder eine Kunst? Das erinnert etwa an die alte Frage, was das Schachspiel denn sei: ein Kampf, eine Wissenschaft oder eine Kunst? Kampf ist ein Wort, das ich überhaupt nicht mag. Von Kunst habe ich etwas andere Vorstellungen. Wissenschaft hat für viele den Ruf der Unfehlbarkeit.

Sowohl Börsenhandeln als auch Schachspielen sind der Versuch, durch eine planvolle Strategie gewisse Unwägbarkeiten in den Griff zu bekommen. Aber ebenso wie man beim Schach eine Stellung falsch beurteilen kann und daraufhin den falschen Plan wählt, so kann man auch an der Börse fehlgreifen. Keine Methode ist fehlerfrei – auch die Sechsphasenmethode, auch die Zinsentwicklung, auch die Theorie von der relativen Stärke könnten den Anleger einmal zu einer Fehlentscheidung veranlassen. Oft genug kommt es vor, daß verschiedene Methoden der Aktienanalyse zu völlig gegenteiligen Empfehlungen führen.

Wenn ein Schachspieler entdeckt hat, daß er einen falschen Plan gewählt hat, dann wird er einen geordneten Rückzug einleiten, eine neue Strategie wählen und danach trachten, zu einem geeigneteren Zeitpunkt an anderer Stelle des Schachbretts zum Erfolg zu kommen.

So sollte man auch an der Börse flexibel reagieren. Dies heißt jedoch nicht, daß man ziellos zwischen verschiedenen Methoden hin und her schwankt. Man sollte bei seiner Methode bleiben; wenn sie etwas taugt, wird sie auch eine Schieflage so rechtzeitig signalisieren, daß man ohne hohe Verluste wieder herauskommt. Dann faßt man sich wie der Schachspieler in Geduld, bis ein neues Signal kommt. Die Börse ist auch morgen und übermorgen noch da; Torschlußpanik ist hier völlig unangebracht.

Wichtig ist, man hat seine Strategie und hält sich daran. Wer meint, sein Gefühl werde ihm schon sagen, wohin die Entwicklung an der Börse geht, wird außer Mißerfolgen auch noch viele schlaflose Nächte erleben. Die Ungewißheit über das, was man tun sollte, wird ihm keine Ruhe lassen.

Oft wird die Frage diskutiert, ob eine Anlagestrategie dadurch überholt sein kann, daß viele sie anwenden. Dies wäre dann denkbar, wenn viele dasselbe Computerprogramm benutzten, das den Anlagezeitpunkt, das Land und die zu kaufende Aktie berechnet. Aber inzwischen gibt es schon so viele verschiedene Computerprogramme auf dem Markt, daß diese Gefahr kaum besteht.

Computerprogramme haben immerhin den großen Vorteil, daß in ihnen menschliche Schwächen nicht vorkommen, wie Gier und Angst. Ich habe viel Nutzen daraus gezogen, meine Börsenstrategien programmieren zu lassen. Der Computer richtet sich allein nach festgestellten Tatsachen. Würden viele dasselbe Programm benutzen, entstünden natürlich zu bestimmten Zeiten Kauf- und Verkaufswellen bei bestimmten Aktien. Dann aber wäre wieder längere Zeit Ruhe; die Anleger, die dieser Methode folgen, warten ab. Andere Strategen bestimmen die weitere Börsenentwicklung.

Doch halten sich die wenigsten Anleger eisern an eine Strategie. Sie lassen sich immer wieder auch von anderen Informationen und Vermutungen beeinflussen. In den USA achten die meisten Börsenteilnehmer geradezu ängstlich auf jede kleinste Kommastelle der Geldmarktzinsentwicklung. Dennoch kann die Börse monatelang eine ganz andere Richtung einschlagen, als sie es von den Zinsen her eigentlich sollte.

Die Charttechnik und die Chartfiguren sind den meisten Anlegern seit Jahrzehnten geläufig. Dennoch kehren dieselben Formationen immer wieder. Die Verbreitung der Charttechnik konnte offensichtlich daran nichts ändern. Die meisten Menschen, auch die Anleger, sind vergeßlich. Sie kennen die Regeln, wenden sie aber selten konsequent genug auf die jeweilige Lage an.

2. Die psychologische Hemmschwelle

Unterschätzen Sie nicht die große Hemmschwelle beim Kauf von Aktien. Sie wissen nun, daß Sie nicht die optisch billigen Werte kaufen dürfen, sondern solche, die schon davongezogen zu sein scheinen.

Hier spielt einem nicht nur das eigene Börsengefühl, das fast immer falsch liegt, Streiche. Aus eigener Erfahrung kann ich sagen, daß verhängnisvollerweise auch noch ein gewisses Ehrgefühl dazukommt: »Ich laufe doch nicht einer schon davongezogenen Aktie nach! Wenn ich die hätte haben wollen, wäre ich natürlich zum Tiefstkurs eingestiegen. Nein, jetzt kaufe ich lieber Aktien, die noch nicht so sehr gestiegen sind, Aktien, bei denen ich rechtzeitig dabei bin.«

Das ist genau das Rezept der ewig Erfolglosen an der Börse. Zum Tiefstkurs kann man schon deshalb keine Aktie kaufen, weil man nicht weiß, ob der aktuelle Kurs schon der Tiefstkurs ist.

Wer meint, er hätte schon den günstigen Einstieg verpaßt, sollte sich auf keinen Fall eine zurückgebliebene Aktie aussuchen. Dann schon eher ein zurückgebliebenes Land; da kann er mehr Glück haben.

Man überwindet die psychologische Hemmschwelle beim Kauf dann, wenn man sich immer wieder sagt: Die allgemeine Hausse *beginnt* ja jetzt erst. Dann muß diese Aktie, die ich jetzt kaufen will und die offenbar sehr begehrt ist, doch auch noch weiter steigen. Anscheinend wird sie von Großanlegern gekauft; die haben sich bestimmt nicht ohne Grund auf diese Aktie verlegt. Vermutlich werden sie sie dann auch weiter kaufen. Die Wahrscheinlichkeit, mit dieser Aktie zu gewinnen, ist also weit größer, als wenn ich jetzt lahme Enten kaufe und darauf hoffe, daß irgendwer irgendwann auch die einmal haben will.

Voraussetzung ist natürlich, daß jetzt wirklich die Hausse erst *begonnen* hat; in einer Spätphase der Hausse hat man gefälligst die Finger von Neukäufen zu lassen. Wenn es erst einmal in die Baisse hinabgeht, nützt selbst die bis dahin stärkste Aktie nichts mehr.

3. Wie lange hält man Aktien?

Es gibt zwei Arten von Anlegern; die einen verkaufen ihre Aktien immer eher zu früh, die anderen immer eher zu spät. Ich selbst gehöre zu der ersten Gruppe, die sich sagt: Was ich habe, habe ich. An Gewinnmitnahmen, so eine alte Börsenweisheit, ist noch niemand gestorben.

Es ist aber wichtig, Gewinne voll auszuschöpfen, um Schieflagen auszugleichen, in die man trotz aller guten Systeme geraten kann. Anfänger behalten die Aktien, mit denen sie im Minus stehen, und verkaufen diejenigen Aktien, bei denen sie Gewinne melden können, um dafür noch mehr jener Aktien zu kaufen, die gerade so preisgünstig im Kurs sind. Kommentar überflüssig! Die richtige Regel lautet hingegen: Gewinne laufen lassen, Verluste glattstellen. So klar und logisch begründet diese Regel ist, so schwer scheint es, sich daran zu halten. Aktien zeigen nämlich kein Gruppenverhalten, in dem die Vorläufer auf die Nachzügler warten, sondern streben auseinander. Wir hingegen werden zum Gruppenverhalten erzogen und übertragen dies auf Aktien.

Die Börse dreht selten von heute auf morgen um; Gelegenheit zum Verkauf gibt es immer und immer wieder. Aber man muß sich vorher ein System zurechtgelegt haben, das klar bestimmt, ab wann eine Wende als offenkundig gilt. Am einfachsten sind – ich kann es nur wiederholen – die Beobachtung der Indizes im Verhältnis zu ihren 200-Tage-Durchschnitten und die Beherzigung der Quartalregel. Man hat auf Grund der täglichen Zufallsschwankungen immer Gelegenheit, zu günstigem Kurs zu verkaufen. Aber man muß es dann auch wirklich tun.

4. Wenn die Kurse fallen

»Nicht der ist König, welcher in der tiefsten Baisse mit der größten Barsumme bereitsteht«, proklamierte ein Börsendienst, »sondern der wagemutig Qualitätsaktien zu Tiefstkursen gekauft hat«. Das war 1979; die Baisse hatte erst begonnen. Es ist interessant, wie häufig bei fallenden Kursen immer wieder »Qualität« empfohlen wird. Die Börsenberater tun dies vor allem deshalb, weil sie wissen, daß Standardaktien wie General Motors, IBM, Siemens oder Novartis auch die Baisse eines Tages überwinden und wieder steigen werden. Dann können sie ihre Kunden bei Kursverlusten damit trösten, daß diese doch nun immerhin »Qualität« erworben hätten.

Dieses Gerede von Qualität ist deshalb Unsinn, weil gerade die Standardaktien im Zuge der Baisse kontinuierlich fallen. Was nützt zum falschen Zeitpunkt gekaufte Qualität? Gar nichts. Wenn die Kurse fallen, dann ist die wichtigste Regel, sich auf keinen Fall in einen Anlagezwang bringen zu lassen. Sie können Ihr Geld auf ein Sparbuch mit gesetzlicher Kündigungsfrist tragen. Sie können es als Festgeld anlegen, auf drei, sechs oder zwölf Monate. Verhandeln Sie mit Ihrer Bank wegen des Zinssatzes; der kann recht unterschiedlich sein. Wichtig ist, daß Ihr Geld in Sicherheit ist, daß Sie flüssig sind und in Ruhe abwarten können, während die Kurse weiter fallen. Das kann ein Jahr dauern.

Von jeder Anlage, die Ihr Geld länger als ein Jahr bindet, möchte ich Ihnen abraten, weil Sie rechtzeitig darüber verfügen wollen, wenn es wieder aufwärts geht. Festverzinsliche Wertpapiere sind zwar schnell wieder flüssig zu machen, aber in der Baisse kein guter Kauf. Denn gewöhnlich ist die Baisse durch steigende Zinsen bedingt, was auch für Festverzinsliche fallende Kurse bedeutet. Sie sind eine gute und solide Anlage, wenn die Zinsen ihren Höhepunkt erreicht haben und die Zentralbank mit Lockerungsmaßnahmen beginnt. Am Aktienmarkt, der dann seinerseits bald wieder attraktiv wird, können Sie jedoch mehr verdienen. Deshalb empfehle ich Ihnen bei hohen Zinsen lieber Festgelder. 1980/81 bekam man in den USA hierfür auch schon einmal um die 15 Prozent Zinsen.

Zu Beginn einer Baisse können Sie eventuell auch noch Gold oder Rohstoffaktien kaufen. Das geht jedoch nur unter folgenden Bedingungen:

1. Die Entwicklung der Preissteigerungsraten in den wichtigsten Industrieländern, vor allem in den USA, muß nach oben gerichtet sein.
2. Die Auftragseingänge müssen hoch sein.
3. Die Kursentwicklung von Gold und den Rohstoffaktien muß technisch vielversprechend aussehen. Auch hier läßt sich die Quartalregel gut anwenden.
4. Rohstoffaktien und Gold sollten allmählich verkauft werden, wenn sich die Konjunktur abzukühlen beginnt und die Auftragseingänge sinken.

Eine direkte Form, aus der Baisse Nutzen zu ziehen, sind Leerverkäufe und Verkaufsoptionen. In Kapitel 2, Abschnitt 7 wurde das Nötige dazu vermerkt. An und für sich ist nicht einzusehen, warum man sich an der Börse die Hälfte aller Chancen entgehen lassen sollte und nur dann handelt, wenn man steigende Kurse erwartet. Nur gilt es, hier doppelt vorsichtig zu sein: Theoretisch können Sie unendlich viel verlieren, wenn die leerverkaufte Aktie ins Unendliche steigt. Also hier Stop nicht vergessen!

5. So arbeiten Sie zeitsparend

Nur der sollte Aktien kaufen, der gut informiert ist und dem es Spaß macht, sich mit dem Wirtschaftsteil der Tageszeitung zu beschäftigen. Wem das nicht gefällt, der sollte sein Geld lieber in festverzinslichen Wertpapieren anlegen. Da kann er ruhiger schlafen, wenngleich auch hier die Zinssignale der Zentralbank wichtig für den Ein- und Ausstieg sind.

Schenken Sie Ihre Aufmerksamkeit in der Tageszeitung weniger den Unternehmensberichten. Diese sind oft verkürzt. Selbst wenn sie sehr ausführlich wären, hätte das keinen großen Nutzen für Ihre Anlageentscheidung. Was in der Zeitung steht, hat die Börse in den allermeisten Fällen schon in ihren Kursen berücksichtigt.

Wichtiger für Sie als Aktionär sind die Angaben über Zins-

und Preisentwicklungen in einzelnen Ländern. Vor allem die Meldungen aus den USA sollten Sie nicht überlesen, auch wenn Sie keine amerikanischen Aktien haben. Denn hier erfolgen die Weichenstellungen für alle Weltmärkte. Hier haben Sie auch die Chance, ab und zu schneller zu schalten als die deutschen, schweizerischen oder österreichischen Aktienkurse, die oft der Wall Street erst mit ein bis zwei Monaten Abstand folgen.

Bewahren Sie die Wirtschaftsteile Ihrer Tageszeitung jeweils zum Monatsende übersichtlich auf. Sie sollten jederzeit mühelos in der Lage sein, die Aktienkurse, Devisenkurse sowie die Zinsentwicklung mindestens ein Jahr zurückzuverfolgen, damit Sie den Trend erkennen.

Hilfreich ist auch eine übersichtliche Tabelle, in die Sie alle sieben Tage (oder auch nur zum 15. oder 30. des Monats) die neuesten Werte aus Ihrer Zeitung eintragen:

Anleihezinsen

	USA 30jhr.	D Ø	J 10jhr.	GB 10jhr.
1.10.	5,99	5,96	4,04	6,91
8.10.	5,92	5,86	3,70	6,85
15.10.	5,79	5,79	3,67	6,60
22.10.	5,99	5,68	3,62	6,71
29.10./5.11.	Nach diesem Muster tragen Sie fortlaufend die aktuellen Werte ein und erkennen damit schnell den Zinstrend.			

ANHANG

ERKLÄRUNG VON
GRUNDBEGRIFFEN

Aufgeld	Prozentsatz, um den eine Aktie teurer wäre, wenn man sie zum derzeitigen Kurs über ihren Optionsschein (s. d.) beziehen würde.
Baisse	Sinken der Aktienkurse.
Bear Market	Markt fallender Kurse.
Bezugsrecht	Recht des Aktionärs, bei einer Kapitalerhöhung (s. d.) neue Aktien zu einem Vorzugspreis zu beziehen. Das Bezugsrecht wird von einem bestimmten Augenblick ab, in dem die Aktie »ex Bezugsrecht« notiert, für etwa drei Wochen an der Börse gehandelt. Es kann verkauft werden, es können auch weitere Bezugsrechte hinzuerworben werden. Siehe auch »Gratisaktien« und »Split«.
Bond	US-Bezeichnung für Festverzinsliches Wertpapier (s. d.).
Bruttosozialprodukt	Summe aller Güter und Dienstleistungen, die in einem Staat in einem Jahr erwirtschaftet werden.
Bull Market	Markt steigender Kurse.
Buy out	Panikartige Käufe von Aktien im Endstadium einer Hausse (s. d.), ehe Aktien fallen und die Baisse beginnt.
Call	Kaufoption (s. d.).
Cash-flow	Bilanzgewinn eines Unternehmens plus Abschreibungen.
Chart	Aktienkursgraphik. Man unterscheidet Bar- und Linien-Charts (mit Zeitachse) sowie Point & Figure-Charts (ohne Zeitachse, Einzeichnung nur der wesentlichen Trendänderungen).
DAX	Einer der gebräuchlichsten deutschen Indizes; siehe Index.

Diskontsatz — Zinssatz, zu dem Banken der Zentralbank Wechsel u.a. in Zahlung geben können. Der Diskontsatz ist der Leitzins, an dem sich alle anderen Zinssätze orientieren.

Dividende — Gewinnausschüttung des Unternehmens an den Aktionär.

Dow Jones Industrials — Der bekannteste Index in den USA, beruht auf 30 Aktien.

Euro-Geldmarkt — Markt, auf dem sich die europäischen Banken gegenseitig kurzfristig Geld leihen, mit unterschiedlichen Zinssätzen für verschiedene Währungen.

FED — Federal Reserve Bank, Zentralbank der USA.

Festgeld — Kurzfristige Anlageform: Man leiht einer Bank Geld zu einem vereinbarten Zinssatz für einen, drei oder sechs Monate. Der Zinssatz kann weit höher liegen als jener für Spareinlagen; die Banken erwarten dafür einen Mindestanlagebetrag, meist über 10.000 DM.

Festverzinsliche Wertpapiere — An der Börse gehandelte Anleihen von Bund, Bahn, Post, Banken und Unternehmen. Sie sind mit einem festen Zinssatz ausgestattet und können im Unterschied zu Sparbriefen der Geldinstitute jederzeit zum Kurswert an der Börse verkauft werden.

Fixkosten — Kosten, die für ein Unternehmen immer anfallen, ganz gleich, wie stark es ausgelastet ist (z.B. Löhne).

Geldmarkt — Markt, auf dem sich die Banken kurzfristig Geld leihen (ein Tag, drei Monate, sechs Monate, ein Jahr).

Gratisaktien — Anstelle einer Dividende (s. d.) oder zusätzlich geben manche Aktiengesellschaften von Zeit zu Zeit neue Aktien an ihre Aktionäre aus. Die Zuteilung erfolgt in einem bestimmten Verhältnis. 10:1 bedeutet beispielsweise, daß für zehn alte Aktien eine neue dazugegeben wird. Im Unterschied zur Kapitalerhöhung (s. d.) müssen die bisherigen Aktionäre kein zusätzliches Kapital einschießen, im

	Unterschied zum Split (s. d.) wird die bisherige Dividende beibehalten.
Großanleger	Finanzstarke Gesellschaften wie Versicherungen oder Investmentfonds (s. d.), die über Millionenbeträge ihrer Kunden verfügen und diese optimal anzulegen trachten.
Hausse	Steigen der Aktienkurse.
Index	Ein Aktienindex ist ein repräsentativer Durchschnittswert aller Aktien eines Landes oder eines Teilmarktes. Daneben gibt es auch internationale Indizes. In der Bundesrepublik sind neben dem DAX (s. d.) auch der FAZ-Index und der Commerzbankindex gebräuchlich, in der Schweiz neben dem Swiss Market Index auch der Swiss Performance-Index. Für die USA siehe Dow-Jones-Index sowie Standard & Poor's.
Inflation	Geldentwertung. Von einer gewissen Geldentwertung spricht man schon bei steigenden Preisen. Die in Prozent angegebene Inflationsrate besagt, um wieviel höher die Preise gegenüber der gleichen Vorjahrszeit stehen.
Insider	Jemand mit Einblick in Auftragslage und Geschäfte eines Unternehmens. Zwar ist es strafbar für Insider, ihr Wissen durch Eigengeschäfte an der Börse auszunutzen. Wie schwer kontrollierbar das ist, beweisen immer wieder gezielte Käufe an der Börse, etwa vor der Übernahme einer Gesellschaft.
Investmentfonds	Anlagegesellschaft, die an ein breit gestreutes Publikum Anteilscheine ausgibt und dafür ausgewählte Wertpapiere erwirbt. Man hat gerade dem kleinen Sparer diese Anlageform sehr empfohlen, damit er sich nicht selbst um das angeblich so schwierige Aktiengeschäft kümmern muß. Die Erfolge der Fonds an der Börse waren im Durchschnitt der letzten 15 Jahre nicht so gut, daß ich dieses Anlageinstrument guten Gewissens weiterempfehlen könnte.
Kapitalerhöhung	Ausgabe neuer Aktien durch ein Unternehmen zu

	einem Vorzugspreis an die bisherigen Aktionäre (s. auch »Bezugsrecht«).
Kassakurs	Kurs, zu dem die Mehrzahl der gehandelten Aktien an der Börse abgerechnet wird. Siehe auch »Variabler Markt«.
Kaufkraft	Gibt an, wieviel Güter oder Dienstleistungen man für eine Währung in einem Land erwerben kann.
Kaufoption	Auch Call genannt. Anrecht, Aktien bis zu einem bestimmten Termin zu einem bestimmten Kurs zu erwerben.
Konjunktur	Wirtschaftslage. Die Möglichkeit, die hergestellten Güter oder Dienstleistungen zu verkaufen.
Kurs-Gewinn-Verhältnis	Kurs einer Aktie, geteilt durch den Gewinn pro Aktie des Unternehmens. Je niedriger das Kurs-Gewinn-Verhältnis, als desto preiswerter gilt die Aktie. Wie in Kapitel 3 dargelegt, hilft das Kurs-Gewinn-Verhältnis bei der mittelfristigen Anlageentscheidung (sechs Monate bis zwei Jahre) nur begrenzt.
Leistungsbilanz	Summe der exportierten Güter und Dienstleistungen eines Staates abzüglich der importierten Güter und Dienstleistungen. Übersteigen die Importe die Exporte, spricht man von einer negativen Leistungsbilanz. In den letzten 20 Jahren hatten Japan, die Bundesrepublik und die Schweiz fast immer eine positive, die USA eine negative Leistungsbilanz.
Lombardsatz	Zinssatz, zu dem sich die Banken bei der Zentralbank gegen Verpfändung von Wertpapieren Geld leihen können. Wie der Diskontsatz (s. d.) ein vielbeachteter Leitzins.
Long	Normaler Aktienkauf bzw. -bestand. Zum Gegensatz siehe »Short«.
Mindestreserven	Die Banken sind verpflichtet, einen Mindestbetrag ihrer Kundeneinlagen bei der Zentralbank zu hinterlegen. Die Höhe dieser Mindestreserven ist unterschiedlich, wird von der Zentralbank festgelegt und soll dazu dienen, die Kreditmöglichkeiten der

Banken je nach Bedarf zu verknappen oder zu erhöhen.

Nennwert

Der Betrag, auf den die Aktie offiziell lautet. Der Nennwert ist zu unterscheiden vom Kurswert, zu dem man die Aktie tatsächlich an der Börse handelt. Künftig werden Aktien in der Regel auf keinen bestimmten Nennwert mehr lauten (Stücknotiz).

Neuer Markt

Seit dem 10. März 1997 bestehendes neues Handelssegment, das jungen, innovativen Hochtechnologieunternehmen verbesserte Chancen der Eigenkapitalaufnahme bieten soll. Die am Neuen Markt vertretenen Unternehmen sind meist international ausgerichtet und in zukunftsweisenden Branchen tätig. Wegen der häufig spekulativ überhöhten Kurse und der engen Märkte müssen Anleger am Neuen Markt jederzeit mit starken Kursschwankungen rechnen.

Nikkei-Dow-Jones-Index

Meistbeachteter Aktienindex Japans.

Odd lot

An der New Yorker Börse Aktienmenge von weniger als 100 Stück (Round lot). Odd lots werden von Kleinanlegern gekauft.

Offenmarktpolitik

Indirekte Eingriffe der Zentralbank in den Geldmarkt durch Kauf oder Verkauf von Wechseln und Wertpapieren. Direkte Eingriffe geschehen über Diskont (s. d.), Lombard (s. d.) und Mindestreserven (s. d.) sowie Rediskontkontingente (s. d.).

Option

Siehe »Kaufoption« und »Verkaufsoption«.

Optionsscheine

Optionsscheine werden von Unternehmen zusammen mit einer »Optionsanleihe« ausgegeben und können getrennt von dieser Anleihe gehandelt werden. Im Unterschied zu Kauf- und Verkaufsoptionen (s. d.) beinhalten Optionsscheine das Recht, auf *mehrere Jahre* hinaus zu einem bestimmten Kurs Aktien eines Unternehmens zu erwerben. Siehe auch »Aufgeld«.

Pfandbrief

Festverzinsliches Wertpapier (s. d.), von Banken

	ausgegeben und durch Häuser und Grundstücke abgesichert.
Prime Rate	Zinssatz, den US-Banken erstklassigen Schuldnern gewähren. In den USA wie der Diskont eine Art Leitzins.
Produktivität	Wirtschaftliche Leistung eines Unternehmens (Summe aller erzeugten Güter und Dienstleistungen) pro Zahl der Arbeitskräfte.
Put	Verkaufsoption (s. d.).
Rediskontkontingente	Obergrenze, für die sich die Banken bei der Zentralbank zum Diskontsatz (s. d.) Geld beschaffen können. Diese Obergrenze ist veränderlich, wird von der Zentralbank festgelegt und soll (wie die Mindestreserven, s. d.) dazu dienen, die Kreditmöglichkeiten der Banken je nach Bedarf zu verknappen oder zu erweitern.
Rentenpapier	Anderer Name für Festverzinsliches Wertpapier (s. d.).
Rezession	»Minuswachstum«. Die Summe aller Güter und Dienstleistungen (Bruttosozialprodukt) schrumpft. Auch Wirtschaftskrise genannt.
Sell out	Panikartiger Verkauf von Aktien im Endstadium der Baisse (s. d.), ehe sie wieder steigen.
Short	Leerverkauf. Man verkauft Aktien, die man noch nicht hat, sondern erst zu einem späteren Termin preisgünstig erwerben will. »Short Interest« ist an der New Yorker Börse die Bezeichnung für die Menge der Leerverkäufe einer Aktie. Ein hoher Short Interest gilt oft als Sicherheitsmerkmal, da relativ viele Aktien zurückgekauft werden müssen.
Spekulationsfrist	Die Zeit, die man erworbene Aktien mindestens behalten sollte (Deutschland: ein Jahr), weil die Kursgewinne bis dahin als Spekulationsgewinn gelten und steuerpflichtig sind. Nach Ablauf der Spekulationsfrist sind die Kursgewinne steuerfrei.
Spezialaktie	Im Unterschied zu den »Standardaktien« (s. d.) Aktie eines Unternehmens, das international wenig bekannt ist und nicht mit sehr hohen Um-

	sätzen gehandelt wird. Die Grenze von Standard- zu Spezialaktien ist allerdings fließend.
Split	Vermehrung der Aktien einer Gesellschaft in einem bestimmten Verhältnis, zum Beispiel zwei neue statt einer alten oder zwei neue zusätzlich zu einer alten, in den USA häufig auch eine neue zusätzlich zu zwei alten Aktien. Im gleichen Verhältnis wird die Dividende (s. d.) entsprechend vermindert; hierin liegt der Unterschied zu Gratisaktien (s. d.). Auch der Kurs der Aktie wird am Tag nach dem Split im selben Verhältnis zurückgehen.
Standardaktie	Aktie eines Unternehmens, das international sehr bekannt ist und an den Börsen mit großen Umsätzen gehandelt wird. Siehe auch »Spezialaktie«.
Standard & Poor's	Neben dem »Dow Jones Industrials« (s. d.) zweiter bekannter Index (s. d.) in den USA. Er beruht auf den Kursen von 500 Aktien und ist damit marktbreiter als der Dow Jones Industrials (30 Aktien).
Timing	Kauf oder Verkauf zum bestmöglichen Zeitpunkt.
Trend	Die Richtung, in die sich ein Kurs bewegt. Man spricht von Aufwärts-, Abwärts- oder Seitwärtstrend.
Variabler Markt	Vielgehandelte Aktien werden an den Börsen variabel, d. h. zu verschiedenen Kursen in derselben Börsensitzung gehandelt. So spricht man zum Beispiel vom Eröffnungskurs (zu Beginn), vom Kassakurs (in der Mitte, hier finden die meisten Umsätze statt) und vom Schlußkurs. Bei den meisten Spezialaktien (s. d.) gibt es nur den Kassakurs. In den USA werden alle gehandelten Aktien variabel gehandelt; daher veröffentlicht man hier nicht Kassakurs, sondern Tageshoch, -tief und Schlußkurse.
Verkaufsoption	Auch Put genannt. Anrecht, Aktien bis zu einem bestimmten Termin zu einem bestimmten Kurs zu verkaufen. Verkaufsoptionen laufen wie Kaufoptionen (s. d.) nur einige Monate.

Wandelanleihe	Manche an der Börse gehandelten Unternehmen geben eine Anleihe heraus, die den interessierten Anlegern zum Erwerb angeboten wird. Die Zinssätze liegen bei der Wandelanleihe zwar unter den Zinssätzen normaler festverzinslicher Wertpapiere. Dafür ist mit der Wandelanleihe das Recht verbunden, sie bei günstigem Kurs in Aktien desselben Unternehmens umzuwandeln.
Zerobond	Zinspapier ohne laufende Zinszahlung, dafür mit einem sehr niedrigen Kaufpreis. Praktisch erhält man hier den gesamten Zinsertrag bei Fälligkeit des Papiers, d. h. am Ende der Laufzeit. Für manche Anleger ist das aus Steuergründen interessanter als ein festverzinsliches Wertpapier mit laufenden Einkünften, die versteuert werden müssen.

AUSGEWÄHLTE LITERATUR

Bernstein, Richard: *Börsengewinne mit Branchenrotation.* Style Investing als Schlüssel für die erfolgreiche Aktienanlage. Frankfurt/New York 1997.

Bonnländer, Anton: *Bond-Management.* Analyse und Optimierung von Renten-Portfolios. Frankfurt/New York 1995.

Lang, Uwe: *Aktien ohne Stress.* Mit MSM (der Monats-Schluß-Methode) zum Börsenerfolg. Frankfurt/New York 1996.

Lang, Uwe: *Der Börsen-Berater.* Aktien, Devisen, Gold und Renten rechtzeitig kaufen und verkaufen. 2. Aufl., Frankfurt/New York 1990. Aktualisierte Ausgabe als Heyne-Taschenbuch, München 1996.

Lang, Uwe: *Training für die Börse.* Börsentrends spielerisch erkennen und richtig nutzen. Frankfurt/New York 1998.

Murphy, John J.: *Visuelle Aktienanalyse.* Mit Charts Börsentrends frühzeitig erkennen. Frankfurt/New York 1997.

Murphy, John J.: *Technische Intermarket-Analyse.* Strategien für die globalen Aktien-, Anleihen-, Rohstoff- und Devisenmärkte. Frankfurt/New York 1992.

O'Neil, William J.: *Wall Street für Anleger.* Ein Gewinnsystem für gute wie für schlechte Zeiten. Frankfurt/New York 1992.

Schmidt-Schachtsiek, Ulf: *Börsengewinne mit System.* Indikatoren und Anlagestrategien für Aktien, Renten, Devisen und Gold – weltweit und zeitgerecht. Frankfurt/New York 1989.

Schmidt-Schachtsiek, Ulf: *Börsengewinne weltweit.* Aktien und Devisen in Europa, Nordamerika und Fernost. Frankfurt/New York 1990.

Schmielewski, Frank (Hg.): *Am Puls der Märkte.* Moderne und bewährte Methoden der Kursdiagnostik. Frankfurt/New York 1995.

Stache, Knut: *Der Börsenrechner.* Mit Profi-Programm unter Windows. Komplexe Wertpapiere ohne Vorkenntnisse verstehen und ohne Formeln selbst berechnen. Frankfurt/New York 1996.

Uwe Lang ist auch Autor des Börsenbriefs *Börsensignale*.
Dieser erscheint 14tägig und ist zu beziehen über:

Deutschland
Wertpapierberatung Lang & Hall GbR, Postfach 1263,
D-86383 Stadtbergen,
Tel.: 08 21-2 43 49 19, FAX: 08 21-2 43 49 59.

Österreich:
Swissinvest, Klaus Haidorfer, Postfach 46,
A-1022 Wien,
Tel.: 01-7 10 50 51, FAX: 01-7 10 50 51.

Schweiz:
Swissinvest, Klaus Haidorfer, Rohrhagstr. 10,
CH-4104 Oberwil,
Tel.: 0 61-4 01 49 50, FAX: 0 61-4 01 49 32.

Zur Bestimmung der Trends an den Devisenmärkten gibt es ein Computerprogramm (für PC/MS DOS/Windows) mit dem Titel »CFD WIN«.
Es ist ebenfalls bei Lang & Hall zu beziehen.

Campus Invest

Uwe Lang
Aktien ohne Stress
Mit MSM in nur einer Stunde
im Monat zum Börsenerfolg
3. Auflage, 1998. 192 Seiten
ISBN 3-593-35917-0

Uwe Lang, Autor des Bestsellers *Der Aktienberater*, weist in seinem zweiten Buch nach, dass es für den »Normalanleger« ausreicht, sich eine Stunde im Monat mit seinem Depot zu beschäftigen. Die systematische Beobachtung vor allem der deutschen und amerikanischen Anleihezinsen am Monatsschluss gibt ihm verlässliche Kauf- und Verkaufssignale.

»Genügt es, wenn man einmal im Monat die Zinsen beobachtet? Uwe Lang, der bekannte ›Börsenpfarrer‹, ist davon überzeugt. In seinem Buch zeigt er, welche Auswirkungen die wirtschaftlichen Eckdaten haben und wie auch Sie mit MSM – der ›Monats-Schluss-Methode‹ Erfolg haben können.« *BörsenBerater*

Campus Verlag · Frankfurt/New York

HEYNE
BÜCHER

Der Moloch

Eine kritische Geschichte der USA

Karlheinz Deschner rollt alle historischen Fakten auf, die Amerika von seiner dunkelsten Seite zeigen: gewalttätig, unmoralisch, heuchlerisch und korrupt.

»Herrlich zu lesen in seiner tiefgründigen Bissigkeit.«

MAN ECHO

Karlheinz Deschner
Der Moloch
»Sprecht sanft und tragt immer einen Knüppel bei euch!«
Eine kritische Geschichte der USA

19/316

HEYNE-TASCHENBÜCHER